心善福至，
念靜福佑。
——瑤池金母慈訓

心善福至，
念靜福佑。
——瑤池金母慈訓

我在人間的靈界事件簿

大開本新裝版

最叛逆的靈界調查員，最生猛犀利的靈修祕辛

宇色Osel／著

最猛職人.22 我在人間的靈界事件簿

作　　者　宇色（李振瑋）
封面設計　林采瑤
美術編輯　吳佩真、李緹瀅
文字編輯　王舒儀
主　　編　高煜婷
總 編 輯　林許文二

出　　版　柿子文化事業有限公司
地　　址　11677臺北市羅斯福路五段158號2樓
業務專線　（02）89314903#15
讀者專線　（02）89314903#9
傳　　真　（02）29319207
郵撥帳號　19822651柿子文化事業有限公司
投稿信箱　editor@persimmonbooks.com.tw
服務信箱　service@persimmonbooks.com.tw

業務行政　鄭淑娟、陳顯中

初版一刷　2012年08月
二版一刷　2016年04月
三版一刷　2021年02月
定　　價　新臺幣350元
I S B N　978-986-99768-4-8

歡迎走進柿子文化網 http://www.persimmonbooks.com.tw

～柿子在秋天火紅 文化在書中成熟～

國家圖書館出版品預行編目(CIP)資料

我在人間的靈界事件簿：最叛逆的靈界調查員，
最生猛犀利的靈修祕辛／宇色（李振瑋）作.--
三版.--臺北市：柿子文化，2021.02
面；　公分. --（最猛職人；22）
ISBN 978-986-99768-4-8（平裝）
1.通靈術 2.靈修
296.1　　110000371

10週年新裝版序

字色

距離《我在人間的靈界事件簿》初版十年後的今日，再次翻閱，不禁感嘆。出版至今，我沒有停止對靈修的探索，十年過去了，依然有無數的人深陷在靈修的泥淖中，無法自拔；距離無極瑤池金母當初為救渡無數龍鳳兒女脫離苦海而初降東臺灣，也過了七十年之久，依然無法挽回臺灣靈修式微的因緣。

或許我這麼一段話會讓你感到詫異、不解，不急，先聽我細說下去……

◆◆◆◆◆◆◆◆

我曾在新店山中某宮廟巧遇主事者師姊，閒聊之下，才知她已經走靈修將近四十年，熟識靈修界多位資深開山老前輩——黃阿寬、黃紫微等人。

這些人的名字，代表著靈修的鼎盛時期與群星璀璨的奇蹟，而她，亦是在第一代靈乩前輩親自教導之下，一步一腳印走入靈修界的。

當時，我詢問了她這四十年來對於靈修的看法，她深深地嘆了一口氣說：「靈修已經一年不如一年，當年的盛況不僅不再復見，而且靈修獨特的師徒傳承已經走偏了。」

她告訴我，多年來有無數宮壇帶人來到她的宮廟會靈、辦聖事、訓體、靈動……，她在一旁，親眼見證宮壇主事者的心術不正，卻有口難言，「人心複雜，多說一句，何時觸犯了他人都不知道，就算知道主事者帶龍鳳兒的靈修法是有問題的，我們也不能說什麼。」

一旁與她熟稔數十年的師姊，也補充道：「走靈修是一件非常辛苦又嚴肅的事，想當年，我們走靈修真的是吃盡苦頭，現在的人實在太把靈修當兒戲了。」

◆◆◆◆◆◆◆◆

現在，讓我們將場景轉換到臺東某處知名的會靈聖地。當時，我去臺東會靈，一樣遇見該宮廟的主事者，談到近三、四十年的靈修之路，她最大的感觸是，「靈修愈來愈亂了，晚一輩的靈子們已經無法從前人身上認識靈修了。」她告訴我，她甚至見到據說是「母娘乩身」的人向信眾說：「我的脖子似乎缺少了什麼（要金項鍊），也有靈乩假借仙佛的名義向信眾直接要錢……」

在看盡了無數靈修亂象之後，她選擇閉嘴不再說話，最後，她以一句話做為那次閒聊的結語：「每個人的靈修路，都是自己的選擇，怨不得任何人，我們就算看見了，也不能多說什麼。靈修很黑暗，不小心多說一句話得罪了人，會惹來不必要的麻煩……」

◆◆◆◆◆◆◆◆

看到這裡，千萬不要誤以為靈乩前輩對靈修感到失望與氣餒，甚至放棄了後來的靈修人了，千萬不要這麼想，我相信，坐在靈修這一艘船上的每一個人，都非常樂意再擠出空位，給任何一位需要的同修人——只要你願意上船的話。

現在，我想針對靈修的事再跟大家聊一聊。

現今，靈修在全國各個宮廟呈現出一片令人嚮往的奇幻美景，卻也因此而讓人們逐漸淡忘當初無極瑤池金母率領眾仙佛初降蓬萊的苦心。

不論靈修如何演變，它最核心的精神依然是帶領我們重返最初「那一條靈」（關於更多「那一條靈」的說明，可參考《請問輪迴・無極瑤池金母的28堂生死課》）的狀態，不論靈修在世界能夠再留存多少年，此原則依然不變。

事實上，所有人的靈魂都深深地嵌入一個解脫輪迴的程式，這一套程式不會只存在一種回歸的方法，在專屬你個人的程式中，同樣也暗藏著元神與主神連結的祕密。破解這一道祕密封印的方法，則來自於「靜默」——在靈修中帶著靜默，你會聽見從遙遠傳來主神的呼喚。

有一件事你們必須謹記在心：當你的心摒棄於靈修之外時，不論你費盡多少心思，都會干擾與阻礙你回歸那一條靈，也等同於喪失了認識靈修的機會。

◆ ◆ ◆ ◆ ◆ ◆ ◆ ◆

修行不離心，靈修路上時時刻刻觀照自己的心，偏離了，將它拉回，膨脹了，將它轉化，剩下的，就交給你的天命安排吧。

最後，我想引用十年前寫在這本書中的一段話，雖然已經過了十年，至今讀來仍覺受用——

「個人的腦袋創造屬於自己的宗教，再多他人的經驗談，皆不如個人的領悟珍貴……專注於靜心實修，培養一顆平靜、不易受他人左右的修行心，不向外攀緣，向內實修心性才是元神合一、回歸本位的不二法門。」

殊勝靈修背後的真相

字色

在許多諮商個案或是新書發表會中，我最常聽見的一句話便是：「書中的觀念顛覆了我對許多事情的看法，原來修行可以如此自在！我也好想和你一樣，以靈修為修行方式……」一聽到類似的說法，我當下的念頭就是：勸退他們。

人總是習慣用耳朵和大腦去探尋世界，遵循別人的步伐前進，卻忽略了應該用自己的眼睛和心去觀察一切。

我在書中所分享的，僅是個人對靈修、靈界和世俗法的淺見，並不一定適用每一個人。走在人世間，每一個人皆可以選擇適合自己的修行方式，而非盲目地追求他人口中的經驗。

在《我在人間與靈界對話》中，我的經歷看似很自在又不受約束，一本兩百多頁的書將「靈修經歷、看法及過程」簡要又緊湊地講完了，但箇中的艱苦卻非一般人所能體會。若想要領悟到不同的人生、靈修、修行看法，更是要付出加倍的努力。我常跟許多想進入靈修領域的人說，靈修是一條漫長且艱辛的路途，它不是修行的捷徑，而是認清內在自我的方式。

近年來，有許多人對我說：「臺灣宮壇素質差很多，我找你問事，就是因為你不同於宮壇的靈修人。」我雖非宮壇出身，卻不能否認自己是個跑靈山的靈修人，關於宮壇文化給人的負面觀感，我認為實在無需一竿子打翻一條船。

一位出家多年的比丘尼師父知道我以靈修為修行法門後表示：「你和一般跑靈山的靈修人不一

樣。」這位比丘尼師父說，這麼多年來，她看過很多跑靈山的靈修人，跑靈山是透過外靈來修持，所以他們身上大都有一種修外靈的特殊氣場。然而我身上既沒有修外靈的氣場，也沒有以仙佛為修鍊的氣場，反而是介於兩者之間。

多年以來，我跑靈山靈修的原則是——不靠外靈修鍊，也不依靠他人，不論接到什麼信息，都會拉回自心，去思考自己的問題：「我在做什麼？」「我是否還有很多沒有看到的缺失要修改？」我只修元神，我只修自己，元神就是我自己。至於比丘尼師父口中的氣場，應該是我的人格特質特別的強吧！聽聞我的解釋，她才恍然大悟地表示：「對，你的人格特質特別強，不像其他靈修人身上有外靈的氣場。」

我走靈修、跑靈山都是事實，也從不因為坊間對跑靈山的負面傳言，就抹滅這樣的修行態度及法門。我並不否認靈修容易卡到陰、沾染到外靈等說法，然而，佛門中就沒有誤導眾生、觀念偏頗之人嗎？通靈人就沒有連自心都看不見的人嗎？透過紅塵行生活修的，就沒有通達智慧之人嗎？修行是因應「人心」而有所改變，人心才是影響修行法門的重要因素，修行的方式並不是重點啊！

每一個人都有選擇修行方式的權利，靈修確實是與祂們最接近的修行法門，卻同時也是最考驗人心的修行法門，不能因為僅見到一面不容於社會觀感的靈修方式，就對全部的靈修人產生偏見。

我在書中會提到，走靈修之前應先培養自己的定力。不因書中的描述，對靈修產生不切實際的憧憬。憑觀照自我、了解己心去選擇適合自己的修行法門，這不也是定力的一種表現嗎？

Part1
未說完的故事

Part2 關乎人鬼神

Part3

原來如此，靈修別再道聽塗說

Part1

未說完的故事

1 我的童年與鬼故事

與那兩位在睡夢中往生的男房客相比，多年來，那位看不見的鄰居從未真正傷害過我們一家人。後期走入靈修後才了解，原來十多年未受其害，並不是出於幸運……

這要從我小時候的舊家開始說起……

那是一棟分層租賃的四層透天厝，前身據說是日本時代遺留下來的老舊日式矮房，經規劃後全部打掉重蓋，我們家承租三樓，在那裏度過十餘年寒暑。

我住的地方是鬼屋

透天厝的一樓原本是客廳，後來改成停放機車的地方。機車停放處後面還有一道門，通往廚房和一個小房間。比較特殊的是，通往地下室的樓梯扶手是鐵欄杆，隔著鐵欄杆就能看到黑鴉鴉一片的地下室。

從我有印象開始，每次經過地下室都會有一股莫名的不安與恐懼，彷彿有很多隻手會從鐵欄杆伸出來要捉我的腳；而一樓後面那扇門，更令人避之惟恐不及，因為那道門所連接的廚房和小房間根本沒有人在使用，但我總是感覺到有人站在門後面。或許我會對鬼神之事有一股敏銳直覺力，就是從小這樣訓練出來的——不乾淨的房子住久了嘛！

印象很深刻的是，搬到新家後沒多久的一個晚上，老媽剛好在舊家附近和熟識的店家閒聊。她打了一通電話回來，口氣中透露出一絲絲詭譎的氣氛：「舊家一樓的小房間昨天剛死了一個年輕人。」

住在舊家四樓的是一對大我十餘歲、經年茹素的表姊妹，前一日晚上表姊剛從外地回家，經過一樓時突然感到身體不適，當時她沒有多想，沒想到半夜睡到一半，突然全身盜汗不止，還發出痛苦的呻吟聲，被睡在一旁的表妹搖醒後，便整夜翻來覆去無法入睡。昏沉中天色漸亮，隱約聽見樓下傳來鼎沸人聲，下樓後才知道剛搬進一樓的男房客在昨天心臟病突發身亡，推算死亡時間，就是她昨晚回來前沒多久。

男房客三十歲出頭，正值壯年，無不良嗜好亦無心臟病史，怎會莫名地突然死去？弔詭的是，同一年承租二樓的男房客也是死於心臟病突發。前者是女友打電話給他未接，來到承租處破門而入，才發現男友已死亡；後者則是死亡多日飄出屍臭味才被人發現。沒有人探究兩者之間是否有關連性，然而，這間透天厝的怪異之處不只這一樁……

那些我們不知道的住戶

其實從搬進舊家後，我們就知道這間房子非常「熱鬧」了……

神祕的彈珠事件

剛搬進去時，四樓明明沒有住人，卻不時傳來搬動桌子時桌腳摩擦地面聲、拖鞋聲、開門聲，甚至還會聽見彈珠從四樓丟下樓，一階一階彈跳下來的噹噹聲響，這些聲響有時不只是晚上才會出現，就連早上也很常聽見。比方說彈珠的彈跳聲，初期我還會自我安慰只是隔壁小孩半夜不睡覺在玩彈珠，然而住了十多年，彈珠聲響還是每晚準時報到，才不得不接受彈珠沒有好玩到可以玩十年的事實。

有同樣經驗的還不只是我們家，連我們搬走後才遷入的父子，也遇過類似的恐怖經驗。

他們向房東表示，平時不只會聽到彈珠聲，甚至有好幾次聽到有人從四樓走下來的聲音，然後腳步聲會在門口停下來，既不敲門也不離開。有一次，他們倆在門縫下清楚地看見一對腳影子，父親不動聲色地走上前去開門，然而，門前只有冷風陣陣吹過，連一個人影也沒有。

說到此，猶記得小時候我最怕三樓通往四樓那一大片白牆。我自己也說不上來是為什麼，只要一到晚上或每逢下雨房子陰暗，就不敢抬頭看那面牆，在上樓時甚至會摀住臉快步跑過去——就是覺得那面牆壁很陰、很怪，彷彿隨時會有某種看不見的東西從牆上走下來。

到四樓就突然消失的「人」影

有一次老哥在打電動，看見一個「人」從樓下走上來，伸頭看了他一眼後，便轉身上了四樓。

平時經常有人拜訪住在四樓的那對表姊妹，所以老哥剛開始也不以為意，直至警覺到四樓沒有傳來人聲，也沒看見人下來，才意會到：「那對表姊妹老早就趁休假回老家去了！」那個人上去找誰？我老哥衝上樓去看，四樓房門深鎖，根本沒有任何人，它……跑到哪去了？忘了說明一件事，我哥從小就有陰陽眼，但常常人、鬼傻傻分不清楚；當他還在讀小學時，有一次全班要去遠足，一出門便看見有個男生蹲在家門前的巷子口，他一往前走，那男生就不見了，但後來對方竟然又現身在他們班遠足的地點，老哥才意會到——原來它不是人。

自從四樓表姊妹搬來後，樓上拉桌子、搬椅子、腳步聲出現的次數明顯減少，但只要她們一不在家，就又會開始發出聲響。一般來說，只要不打擾到我老媽睡覺，她都可以「息事寧鬼」當作沒發生，但只要吵到她無法入眠，就會衝上樓去拼個輸贏。奇怪的是，老媽一上樓聲音就停止，下樓後聲音又再度響了起來，好似真的有人躲在某處偷看老媽，和她玩捉迷藏。

差點被鬼偷抱走

某天晚上，老媽還開玩笑地跟我說，當天中午我差一點被偷抱走！

當時，老哥在另一間房間玩電動（如今他已經是兩個小孩的爸，還是很愛玩電動），瞥見一個男子鬼鬼祟祟地探頭進來看了他一眼（承租的透天厝一樓不會鎖，任何人都可以自由進出），又轉身過去看睡在對面房間的我。此人行蹤太過詭譎怪異，老哥立即操起傢伙衝了出去，沒想到，卻眼睜睜見到那男子一身輕盈，每次跨步就是一層樓一層樓地往樓下跳！更令人寒毛直豎的是，整個下樓的過程就像演默劇一樣，沒有發出一絲聲響。老哥追下樓去，遇到隔壁正在掃地的阿婆，她表示根本沒有見到任何人從屋內跑出來。它到哪裏去了？老哥前前後後把整個房子都找遍了，就是不見其蹤影。最有可能的是，它還躲在這棟透天厝的某個角落！老哥事後回想：「我根本沒有看清楚它長什麼樣子，它的臉是黑黑的一團。」

沒有人敲擊卻不停震動的鐵板

以上都只是小兒科！在透天厝尚未安裝加壓馬達前，常常無法送水到樓上來，老媽便會到一樓廚房洗衣服（我們的廚房在四樓）。有一次衣服洗到一半，一旁通往地下室的鐵板在無人碰觸的狀況下，突然「通……通……通……」地大聲響了起來，彷彿有人在地下室拿某種東西敲打那塊鐵板。老媽事後告訴我，她親眼看見那塊大約四十五平方公分大的鐵板，被敲到不斷地跳動，她很鎮定地拿起水管往鐵板的縫隙沖水，一直到敲擊聲停止後，才扳起鐵板一探究竟。只見底下黑鴉鴉一片，沒有照明設備的地下室伸手不見五指；而鐵板和地下室中間隔著一層鐵網，就算下面真的有人，也根本不可能摸得到鐵板，敲擊聲究竟是如何傳出來的？至今仍舊是一個謎。

床邊的長舌鬼

真正被那位躲在某處的「鄰居」嚇到搬走的，這麼多年來也只有一位。

比那對表姊妹還要早三、四年左右吧？四樓曾經住過一位男裁縫師，在我們家搬進去後頭幾年——大概是我讀幼稚園或小一的時候——就搬走了，當時年紀還小，對他沒有太深的印象，後來才從大人口中得知他搬家的原由。

一般來說，透天厝頂樓的最後一個房間，大多是拿來當公媽廳或佛堂，不太會有盥洗室，承租四樓的住戶如需使用廁所或洗澡，就必須下來三樓——後期那一對表姊妹，也都是下來三樓使用我們房間內的廁所。這位男裁縫師半夜上完廁所要回四樓睡覺時，總感覺背後有人尾隨著他，然而每次回頭察看，整座樓梯都只有他一人。起初他以為是自己多心，所以並未多加留意，然而隨著時間累積，被跟的感覺愈來愈明顯，甚至能感覺到那個人非常貼近他的背部！

某天夜裏，他從三樓上完廁所回到四樓，才剛躺平沒多久，便隱約從門縫看見一個人的身影。在昏黃樓梯燈的斜照下，那對人腳更明顯了！當他正感到疑惑之際，人影竟然從門縫溜了進來！

不知是太過驚恐還是嚇傻了，他完全愣住，動也不能動，只能眼睜睜看著它慢慢地「滑」到床邊。對方看起來是一個中年男子，來到床邊後就沒有進一步動作，只是靜靜地站著。裁縫師躺在床上，隔著一層白色蚊帳和它對望，觀察著彼此。

突然，那個人緩緩揭開蚊帳，慢慢靠近躺在床上的裁縫師。「它的嘴巴在我面前張開，一條很長、滿是鮮血的舌頭伸了出來，晃啊晃啊……」事後，他母親四處求神問卜，求了一堆平安符、護身符、香火回來給他。他在屋裏屋外貼滿符咒，但仍三不五時被那個人尾隨上樓，最後真的受不了了，便草草搬離這棟透天厝。

來自浴缸的偷窺視線

樓上的那位表姊也告訴我，在我們搬走之後，她三不五時會在洗澡時聽見客廳有聲音傳出來，一旦她停止動作想仔細聽，聲音就會停止，好像知道她正在廁所內注意「它」。此外，有很多次她甚至還清楚地感覺到有人正蹲在浴缸內偷看自己洗澡，我問她怎麼知道是蹲在浴缸內偷看的？她回答說：「如果被人偷看洗澡，女生會有很明顯的感覺。」

撞鬼事件簿

至於發生在我自己身上的鬼故事，印象最深刻的只有一、兩件。

升國二那年暑假期間，我每晚上十二點十分都會聽廣播《午夜奇譚》，由談鬼專家司馬中原與一位女主持人共同主持。那晚正好是農曆七月十五日，天氣相當酷熱，但半夜聽到令人毛骨悚然的配樂，還是會忍不住拉起棉被矇住頭；大約聽到十二點半的時候，床突然晃了一下，我感覺到有人在雙人彈簧床邊輕輕地按壓著，一開始我以為是錯覺，畢竟全家人都已入睡，房門也上鎖了，不可能有任何人會進來。

「那個人」用力壓住床沿，我清楚的感覺到床角被壓得陷了下去，也很確定那絕不是錯覺：「不會真的讓我遇到那種事吧！」就在此時，那人輕輕地爬上床……看我始終沒有動靜，它竟然還站了起來！它站了一會兒，但見我仍然動也不動，便再往前踏一步，剛好往我拉住棉被的小姆指踩了下去，我躲在棉被裏，輕輕地將小姆指抽了回來。它不動我也不敢亂動，心裏卻很想掀開棉被一角偷瞄，看看鬼是不是如傳言所說的那樣沒有腳，但又害怕要是掀開棉被偷看的同時，它剛好也彎下腰低下頭，在棉被旁邊跟我對看，那該怎麼辦？不過念頭一轉，我心想：「再這樣耗下去也不是辦法，乾脆把棉被掀開來算了。」

我用力地掀開棉被，床邊卻連個人影也沒有……

另一晚，我看到它出現在距離不到三公尺、斜對角鄰居屋頂的花園圍牆邊。那天，原本空盪盪的花園莫名出現了一位理著大光頭的男人。一開始我以為是屋主的大兒子，一直對著它傻笑，但它只是站在那裏動也不動。因為對面是暗的，我家這邊是亮的，所以根本看不清它的臉，為了確認自己沒有看走眼，我趕緊叫一旁的老哥幫忙看，老哥瞧了一眼表示沒看到，我又轉頭再確認一次，它明明就站在斜對面的圍牆！等我又更仔細盯著看時，它就突然從我面前消失了。

事後將種種事件串連起來，那位阿飄應該是一位中年男鬼，而與那兩位在睡夢中往生的男房客相比，多年來它從未真正傷害過我們一家人，我原本以為一切都只是巧合，在我走靈修十多年後才掀開這個謎團，原來十多年它未曾傷害過我們其實並非出自幸運。

愛鬼不愛神!?

第一次在宗教上有正式的皈依是天主教，當時是小學三年級，聽一同補習的同學說，有不少同學到某位信仰天主教的女同學家受洗，過程中看見許多異象，甚至謠傳班導師在女同學家受洗時看見一個人跪在斷崖邊，還有許許多多人被丟下斷崖——據說這是西方世界的地獄景象。於是，我為了一睹地獄的真面目而受洗，絲毫沒把這個儀式當成什麼重要的事，想當然爾，我什麼也沒看到，但在那陣子裏，我很虔誠地向上帝禱告，每天領聖血與聖體[1]，口中唱著：「神愛世人，甚至將祂的獨生愛子賜給我們……」

信天主教的那段日子，我既不上教堂也沒有參加過任何一場大型聚會，我的目的很明確，只是想看看地獄，可能是因為動機不對，所以也沒有任何奇特的遭遇。

[1] 聖血是葡萄酒所製，聖體則是以麵餅製成，代表耶穌的肉體。

宇色OS小提醒

走靈修，我沒有比較厲害，也沒有帶什麼濟世渡俗的天命，只是做自己喜歡的事情；我沒有想要顛覆傳統，只是想探索更不一樣的靈修。造就一個人在修行路上獨樹一格的特質，不是老師的功勞，本身的天性已經決定了絕大部分的結果；一棵神木的養成，在幾千年前種子種下的那一刻已經注定好了，後天環境只是影響它的養成速度，而不能決定結果。**走靈修也一樣——不在於你能學習多少東西，而在於是否願意以大無畏且奮力一搏的精神，去除內在的劣根性。**

第二次接受宗教的洗禮則是一貫道，那時我讀小四，住在樓上的表姊妹是虔誠的一貫道教徒，但從未在我們面前傳教過，唯一能感受到她們虔誠信仰的地方，就是老媽沒時間回家煮飯，她們好心煮素菜給我吃的時候；久而久之，沒有太多原因，我就這樣選擇了吃素，並自然而然地皈依了一貫道，領了三寶，也完成了「地府抽丁，天堂掛號」[2]。從天主教變成一貫道，對我的宗教觀一點影響也沒有，我骨子裏頭還是信仰佛教與道教，從來也不曾因為轉換了宗教而在心中有一絲絲的愧疚，我很明白，宗教只是形式罷了，人心才是真實的——那時我才小學四年級。

在求道那段日子裏，我上了幾堂一貫道的課程，也聽了不少信徒之間勾心鬥角的故事——誰護持哪一間佛堂？誰推崇哪一位點傳師？宗教背後血淋淋的人性在我眼前一幕幕上演，讓我明瞭人才是能真正主宰宗教的力量[3]。看見有人為了搶弟子而分家，也看到分家後各個擁護者開始以言語攻擊對方，我有一個很深的感觸：「宗教絕無最好和最壞，端看你從中得到何種滋養，彌補內心的欠缺。別人認為最好的宗教，充其量，也只是滿足他個人罷了，並不能套用在別人身上。」那年我十一歲，當然，十一歲的體會並沒有這麼文謅謅啦！講白話一點就是，信仰是你自己的感覺，你自己爽就好了啦！到現在我還是如此看待自己與他人的宗教信仰。

羅伯．普瑞斯（Rob Preece）在《榮格與密宗的29個「覺」》一書中，對宗教提出了他多年的經驗和觀點：「靈修病態有多種面貌，其中一些在近年來已經逐漸顯現，沒有一種宗教可以避免陰暗面的產生，我們似乎有無限的能力，能夠假借宗

[2] 一貫道的三寶指的是玄關竅、口訣（五字真言）、合同，即點玄關、傳口訣、授合同印。一貫道認為求道之後，便能從地府除名、在天堂掛名，死後便可脫離六道輪迴。一貫道的三寶可以說是他們死後回歸到無極理天的憑證。

[3] 此為我個人在宗教上的體驗，請勿以偏概全，延伸至其他一貫道的宗教信仰中。

教之名，製造集體偏見、偽善，以及黨同伐異[4]的仇恨。掀開宗教運動的表面，我們便看到下面隱藏了種種病態；這是悲哀的事實。」

羅伯．普瑞斯對於宗教一針見血的看法，運用在臺灣的靈修、宗教上亦是相同。當修行人所屬的宗教團體已經產生偏頗的行為，而本身又認定自己處於宗教團體的保護傘下，便會少了一顆明辨的心以及勇氣，去檢視身處的宗教團體、老師、同修以及自己；也容易受到似是而非的宗教污染而不自知，此時，所謂的修行便很可能只是建立在自我感覺良好之上，無法透過宗教團體看清自己內在的本性。

與天主教相同，一貫道的信仰在我生命中並未留下太多痕跡，等到我搬離舊家後，就不再對一貫道有更深入的接觸，一直到我因靈修而皈依了南無藥師琉璃光如來佛。憑良心講，在天主教及一貫道上，我並非一個虔誠的教徒，或許誠如愛因斯坦所言：「一名熱衷於宗教的人之所以會虔誠，是因為他們對不具備理性基礎的超自然物體，與其宗旨所展現的意義和崇高，不存有任何懷疑。」我看了太多不合理的事情，以至於無法熱衷於當時的信仰：我既不認同信主得永生及不信神一定會下地獄的論點，也從不相信點了靈就可以「地府抽丁、天堂掛號」。誰規定人在未往生時就已注定下地獄？我只相信生活重在當下，離天堂就不遠。

明知山有鬼，卻向鬼山行

跟宗教相反，對於鬼魅之事我從小就相當有興趣，當同學還在玩扮家家酒、跳

[4] 集結與自己觀念相同的同黨，攻擊與我們不同思想、觀念的人。

繩、警察捉小偷的遊戲時，我已經開始思考鬼與神的事情。我常常想，人世間真有神和鬼的存在嗎？如果有神又有鬼，又該如何才能看見？從小便聽說半夜指月亮會被割耳朵，我偏偏要每天指月亮，等它下來割我耳朵；坐在枕頭上屁股會爛掉，我就每天睡前坐在枕頭上；有人說七月半梳頭髮會看見鬼，我也照做；在鏡子前削蘋果可以看見未來的另一半，而我沒能看見另一半，反倒練就了削蘋果皮能一刀到底的好刀藝；半夜彎腰從胯下看就可以見鬼，結果我啥都沒看見，還差點閃到腰；說胸口是先天八卦，趴在地上會吸收掉身上的陽氣，然後就能看見鬼，而我還來不及看到鬼，就已經練到有胸肌……諸如此類的見鬼傳言，我一樣也沒放過，但都只是一再確認，這些不過都是以訛傳訛的謠傳、虛構的電影故事情節罷了。

記不起從何時開始，我就知道這些筆仙、碟仙、狐仙中所謂「仙」字輩，所召來的外靈是鬼，而不是真正的神，這些我在小時候全都接觸過了，目的就是想要一睹鬼的樣貌。還記得有一次隔壁鄰居捉弄我，邀我一起玩碟仙，等到碟

宇色OS小提醒

有人問我：「是什麼樣的家庭造就你如此早熟的宗教觀？」我認為是天性。

我不是一個聰明、有智慧的小孩，只是從小便跟「問題」相處比較久，又愛跟常理唱反調。從小我便不把世間看似常理的事情當成常規，例如小時候常被叮嚀香蕉不能放冰箱，我就硬要把整串香蕉丟進冰箱作實驗，驗證香蕉遇到冰濕的環境會變黑及凍傷的道理。長大後，對於靈修更是如此，我很慶幸在靈修路上遇到的貴人，都非常包容我怪誕的想法與舉動。

我天生個性「九怪」（搞怪），一次在演講時我問臺下一群為人母的聽眾，能不能接受自己的小孩像我這般無厘頭、好動又愛搞怪？一堆婆婆媽媽頻頻搖頭，我笑著反問：「那麼，為什麼你們卻希望從我身上尋獲解決人生問題的答案呢？」很矛盾，不是嗎？我又問：**「你們是希望生一個會讀書卻無法處理生活事務，遇到人生挫折就只會怪祖先、因果、業力的小孩，還是想生一個天生九怪，卻可以自理生活的人？」**臺下的婆婆媽媽全都默默不語，我想這真的是很難抉擇的選擇題吧！

子開始走動時，便叫我將手放開，事後他們一直問我是否有發生什麼靈異事件，我都傻傻的搖頭表示沒有。一直到許多年後，才知道玩碟仙時千萬不能在中途離席或放開手，不然召來的外靈會附在離席者身上。不過，我倒是沒有因此發生過任何不幸。

「生死」是小時候最困擾我的一件事情，常常在半夜一直在想這個問題：「人會長大，長大會老，老了死，死了……會去哪裏？」從廟裏拿回來的善書上說，人死後會上天堂和下地獄，但身邊從來沒有人親口告訴我死了會去哪裏。每次學校要學生填個人資料表時，長輩欄都會有一格「存、歿」，那時父母、爺爺、奶奶、外公、外婆通通還健在，只能全部都圈「存」，但我的小小腦袋會開始幻想，哪天他們其中一人死了，或許就可以經歷親人往生的感受。很矛盾的是，我對鬼、死人很感興趣，卻很恐懼看到真正的屍體，多年來一直如此。

從小，我對探尋死人及鬼的世界便比一般孩子更充滿熱忱，當時坊間有許多神奇、靈界的雜誌，只要有關於鬼、靈異照片的報導，我一定會努力存錢買回來收藏，尤其是在廟寺常見的助印善書，更是我收藏的目標之一，例如：《天堂遊記》、《地獄遊記》、《朱秀華借屍還魂》[5]等故事。除了善書之外，錄影帶店裏頭關乎鬼、自

宇色OS小提醒

很多人從小就對孩子灌輸鬼神論，當小孩不乖時，就直言是祖先、風水問題，甚至曾聽說有位小朋友，只因為乩身交代在榕樹下遊玩容易卡到陰，從此家長就要求老師絕不能讓小朋友待在榕樹下，連遠足的地點有沒有榕樹都要再三確認；小朋友在耳濡目染之下，自然就知道要遠離榕樹。這麼小就如此疑神疑鬼，長大後自然就會事事牽拖鬼神。**孩子還小的時候，不應給予他們太多不必要的鬼神論**，因為他們尚無能力分辨對錯；給小孩更寬廣的生活態度，他們在未來也會以正面、積極的態度來看待人生。

你對鬼魅之事會充滿負面觀感和恐懼，往往是自小從長輩、書本、電視吸收而來的。然而，真相真是如此嗎？愛因斯坦說：「很少人是會真的用自己的眼睛去看、用自己的心去感覺。」大家不妨捫心自問究竟有哪些價值觀，是從你自己的經歷與體悟而來的呢？

5 這個故事發生在民國四十八年間，金門小姐朱秀華借著雲林縣麥寮鄉，得昌建材行吳秋得先生的太太林罔腰之肉體還魂。

殺的影片通通是我的最愛，其中以泰國、印度記錄自殺、意外、天葬等的介紹影片最讓我喜歡——從小家人就搞不懂我為何會對這類影片如此著迷。

天生破格嘴

喜歡接觸鬼神事這一點家人尚可接受，只要不礙到別人，一切好談。但是我腦袋裏頭裝的一堆怪想法，反而比較令家人頭疼。比如我就是不懂為什麼紅龜粿上面的麵皮是紅色，屁股卻偏偏要做成白色？我也搞不懂為什麼人死了要包白包而結婚要包紅包？為什麼在七月半普渡時，要在供桌前面放一盆水和毛巾？這些疑問從我嘴巴脫口而出時，我媽只有一句話：「破格[6]！」然後就是一巴掌飛過來——老媽從不帶我出席親戚朋友的婚喪喜慶，就是擔心我這張破格嘴會在別人面前胡說八道。

除了對我口無遮攔一事非常無法接受之外，在宗教信仰上，家人倒是對我相當放任，尤其是老媽，有很多事情她都看在眼裏，卻從未阻止，也未曾發表過意見。或許是她和其他家人皆未深入宗教，所以也不會約束或干涉我太多，這樣的開明態度深深影響了我。一直到後期開始接觸靈修，我才逐漸明瞭一件事：「家庭」在我們轉世之時早就已經注定，會根據我們需要調整的心性或待開發的潛能來安排適合我們的家庭——一切都早已安排好了！

[6] 臺語，「破格」有很多的說法，就八字而言，有突破格局之意，但一般指較負面的事情，例如在八字中有財格的命格，逢七殺便洩財就是破格。也用來形容小孩胡說八道、不按牌理出牌。

2 與靈界對話

早期去臺中問事的時候，對於我口中能說出靈語一事，堂主也說是因為往生親人附身所致……

未正式走靈修前，我並不喜歡提及靈修、靈異之類的事。人是主觀的動物，靈玄之事夾在現實與虛幻之間，如果沒有踏入這個領域、相同的生活歷練與背景，一般人無法體會箇中心境，很難認同這方面的事，只會當成茶餘飯後的話題。另一個原因則是，一旦讓別人知道自己的經歷，很容易就會被定型在某種身分中，進而在生活上產生不必要的困擾。

有次和一位同事閒聊，不知不覺地從靈異故事聊到靈語議題。他對這種「語言」感到很好奇，希望我能現場說幾句給他聽。

我當時初啟靈，尚無法全盤了解自己口中的靈語，於是向他表示：「我可以試著說一段，但是會說出什麼內容，我不保證一定能知道，同樣的，我也無法預期講出來的內容是不是針對你。」

你到底在講什麼？

闔眼靜下心，轉換意識後訊息便馬上過來。我一張開眼，元神便使用靈語說了一大串話。我邊講靈語邊留心觀察同事的表情，剛開始他滿臉驚訝，一副劉姥姥逛大觀園的模樣，過了一會兒，僵硬緊繃的表情逐漸和緩下來，之後竟然還隨著靈語聲韻輕輕擺動身體。

雖然當時我尚無法隨意將靈語翻成白話，但當中已偶爾會夾雜幾句白話：「早在幾年前，你就該在這個領域有所成就，但因個性嚴謹、做事不懂圓融，延遲了你的成功。你要放開封閉的心，接納身邊所有聲音，這些聲音將改變你心中的主觀想法，讓你做事更圓滿。」聽到這番話，朋友的臉色一陣紅一陣白，不知道是感到愕然或不解。

「你知道你剛剛在講什麼嗎？」同事問。

我向他表示整個過程中，我的意識非常清楚，只是講出來的訊息內容非自己所能決定，接著我反問他聽完有什麼感覺？「很好聽？」他露出笑容，「不曾聽過，但真的很好聽。」

「我也不知道該怎麼形容剛才的感覺，一開始聽到靈語時是很驚訝……」他遲疑了一會兒，似乎不太敢確定，「稱它為靈語對吧？」

「Up to you，名稱是後人依喜好所創，用什麼角度看它，它就是什麼。」

同事接著表示，這種語言完全超乎他的想像和認知，也不清楚自己的身體為何會在不自覺中隨之輕擺，只覺得當下非常舒服，整個腦袋放鬆而且空白，直到聽到靈語中穿插的幾句白話，才將他拉回現實，而白話所述的內容，竟然跟國小畢業紀念冊上，同班同學給他的評語很類似。他感到十分驚訝——我們倆才剛認識不久，我為何能講出與他個性如此相符而精闢的評價？

接著，他再度開口問：「為什麼之前你講出來的語言會被定義為靈語？靈語又是什麼？」他陷入了文字障[1]中，我回答他，靈語這個名稱是後人想盡辦法去定義的，目前並沒有一定的說法。稱之為靈語，從字面上看來便解讀成靈界拿來溝通的語言；稱之為天語，就成了天界的語言；也有人會說這是宇宙語，是外星人所用的語言，並深信只要解開這種語言，就能和外星人溝通。

後來我開始懂得如何以元神向祂們請益時，對於靈語祂們是這樣回答的：「靈語非語言，只是一種意念。靈界不需要語言，僅靠意念來溝通，而人世間所使用的靈語，其實就是一種意念。人們透過文字和語言讓對方了解自己的意思，卻常常發生所聽到或解讀的不是我們本意的狀況。人會用自己的角度、邏輯與過往經驗來解釋對方的話，就算寫成白紙黑字，還是可能產生同樣的結果；反過來說，有時候連說話者本身都不一定清楚自己真正的心思，誤會就會因此而產生。一旦透過意念溝通，就能減少這種誤會——我想什麼，就將這段意思複製到你腦中，你所接受到的訊息是從我腦中完整無誤地傳遞過去的，不摻雜個人的想

[1] 佛教用語，文字障有多重意義，有著不求甚解而只看表面之意。另一種解釋則是見字拆意，以先入為主的觀念看待文字，本文中所指為後者。

法與經驗，只有說者最原始的想法。也因為如此，靈語無法用人類慣用的方式來學習，因為它不是語言，只是一個頻率、腦波，要用心來解讀和接收訊息。

祂們的一席解釋令我茅塞頓開。原來，保持一顆覺知心，讓心境全然地開放，才是走靈修路更自在的心法。為了達到溝通的目的，我們必須學習彼此的語言。反觀靈修者，就算彼此口中的靈語迥然不同，卻能達到溝通的目的，這就表示，靈語不能狹隘地解讀為另類語言。

在《牧羊少年奇幻之旅》中，有一段話，既可以超越宗教主觀的說法，又能恰到好處的形容這種意境：「待攤位就緒，那位糖果小販把當天做的第一份甜點送給男孩。男孩向他道謝，然後吃了甜食，繼續上路。當男孩走開幾步路後，突然回想起，兩人在架設攤位時，一個說著阿拉伯語，而另一位則說著西班牙語，他們彼此都完全了解對方的意思。」

靈語劃開四度空間

小相是我早期探索靈修的最佳好友，有著與我

字色OS小提醒

「靈語、天文」是我們內在的本能，而元神是內在的心性，大部分的人都具有元神，因此靈語會在各宗教中以不同的樣貌存在。靈語僅佔靈修的一小部分，也可說是初入門的門檻，**了解自己說出來的靈語，是靈修中最基本的條件**。

靈修是自度自悟的修行法門，切勿一開始便為靈語冠上太多無法印證的神鬼論：「靈語是靈與靈之間的溝通語言，只要時機到自然就會說。」「只有帶翻譯的使命才能夠聽得懂靈語。」

禪宗中有幾句話值得我們深思：「各須自性自度，是名真度。」「自性迷即是眾生，自性覺是佛。」理解自己所說的靈語，不也是認識自己的途徑嗎？唯一要特別留心的是，**初學靈語時切勿自問自答，否則容易產生意識分裂的現象**。有些人會自覺開心，認為元神像守護靈般，可以幫忙解決生活中的疑問，這是非常不可取的態度，未經人指點，貿然自問自答的結果，很容易陷入幻想的情境中而不可自拔，我很少遇到走火入外魔的人，卻常常看到「走火入心魔」的人。

相似的特質——勇於嘗試，凡事只憑自身的體悟（講難聽點就是白目），不理會網路上的傳言，也不管所謂的老師、大師們如何信誓旦旦，唯一的信念就是：「聽信網路上似是而非的觀念，最終只有搖擺不定與失去見解，還會阻礙更多探索的機會。」他的膽子比我大很多，只要聽到臺灣哪裏有比較出名的鬼屋，如民雄鬼屋、大甲紡織廠鬼屋……一定二話不說地拉著我一起去探險，還好我們夠幸運，從沒有遇過卡到陰或被惡靈欺負的經驗。也因為他，我才逐漸體會到一個道理：初期走靈修路時，身邊的朋友、道友、師兄姊甚至家人的心性特質是一個非常重要的關鍵。古人云近朱者赤，近墨者黑，旁人會在不知不覺間，影響並建構你的想法和價值觀。

一晚，不知道他是哪條神經走岔路，突然說要和我面對面闔眼，用靈語對談，不用在意靈語在說什麼、也不管是否了解內容為何，不去預設任何結果，就只是單純地試試看會發生什麼事……

沒多久，神奇的事發生了！我突然感覺到意識騰空，脫離了肉體，下半身絲毫沒有知覺。起初覺得不怎麼真實，但隨著用靈語對話的時間拉長，騰空的感覺愈來愈明顯，意識漸行漸遠，最後竟浮在頭上一尺處……過去幾次在維持長時間靜坐時也曾發生過類似情況，不同之處在於，靜坐費時久且深沉，今日的體驗卻發生在瞬間。

告一段落後，我們兩個人在討論時竟不約而同說出相同的感受——意識在虛空中，感覺不到肉體的存在。由於不懂這是什麼因素造成，為了一解靈語神祕的面紗，我們決定再試一次。第二遍，我們將時間拉長，這時意識感與前一次一模一樣，但卻不是在頭上一尺處，而是彷彿站上一座高聳且廣大的山巔，與遠在另一座山頭的小相用靈語對話。肉體覺知此時此刻早已淹沒在層層山峰雲海底下，靈語形成迴音，在山谷間飛奔，時間感逐漸緩慢下來。如此奇妙且不可言喻的體驗，讓我想起唐朝李白的《早發白帝城》：「朝辭白帝彩雲間，千里江陵一日還。兩岸猿聲啼不住，輕舟已過萬重山。」有了這次不小心觸碰到的玄祕經驗，我更加不去甩網路的流傳，說什麼在家說靈語容易招鬼、揹業力、是仙佛才能使用的語言，也因這件事更確信靈語背後尚有許多不為人知的祕密及功能。

出手靈療

我開始免費為人收驚、靈療及問事，透過這些方式了解如何將靈語翻成白話。在靈療時，我會邊說靈語邊配合肢體語言，提醒當事人健康、保養及處事上應注意的地方，偶爾也會配合靈療手法唱出一連串類似咒語的內容來治療病患。我開始從肢體語言感受靈語內容，也開始分辨出靈語還有各種不為人知的功能。

靈語就如同某種具有高度能量的咒語，有些敏感體質的朋友在接受靈療時會隨著我念出的靈語而不斷打嗝、流眼淚，甚至會做嘔，我能感應到對方將體內穢氣透過靈療排放出來。在摸索期，我從肢體語言探索到，靈語說的是元神想要表達的意思，而元神是我們的內在意識，用心觀察肢體語言，便能間接體會靈語所傳遞的意涵。

咒語有時是仙佛傳遞出來的高能量波動——無形但具調整氣場之功效，並藉由我的雙手產生更強的氣場，來改善病患身上的疾病。根據我的親身體驗，轉換元神為人治療疾病的當下，能承接大自然的宇宙能量，調整人體的七脈輪[2]能量與精氣神[3]之效率。

這些並不是看網路文章、書籍或躲在宮壇就能體會的道理，而是必須透過好幾年、無數次的摸索後，才能獲得的心得——當然，第一步就是：先不甩別人怎麼說才可以。此外，我還有一個很固執的態度支撐著這一路的摸索：絕不做出傷天害理之事，也勇於為自己的行為負責。

「量子力學的實驗已經證實，宇宙萬物之間可能以一種無法察覺的方式彼此相互連結，其連結的層次包括了我們的意識和意向（念力）。我們可以確定，宇宙間每一件事都在一團發光的母體上相互連結，當中沒有距離，沒有過去，也沒有未來。」

——《印加靈魂復元療法》，阿貝托．維洛多博士（Alberto Villoldo, Ph.D.）著

一間宮壇兩種說法，該相信誰？

早期的有線電視有非常多節目喜歡採訪宮壇、道場和通靈人，當時剛好介紹到

[2] 脈輪取自古印度梵文，是指轉動的能量中心，除了印度之外，在古印加、馬雅等地，均有類似的說法。脈輪位於人體的中軸線上七個部分，代表著不同的情緒及能量。

[3] 精氣神可以從中醫、道家及哲學角度去解釋，在此純粹是指構成人體運作的基本物質。

一間道場的神蹟故事，很巧地，那間道場就在臺中，隔天上網查了一下地址和電話，便和小相約好一同前往。

還未到問事時間，位於田間小徑內的宮壇前已擠滿了車子與香客，可見前來問事的人不少。快輪到我們時，我問小相敢不敢跟乩身講靈語？小相表示當然敢。

我接著告訴他：「等一下你跟乩身講靈語，看看她對你的靈語有什麼反應。」他點點頭。

按照我的經驗，對乩童講靈語準沒好事，廟方人員大多會搬出「你身上通通是外靈附身，只有來我們這邊才能修本靈」的那套說法。當時的我已經能將靈語轉成白話，也懂得別人所說的靈語；小相能力與我差不多，只是轉換過程比較慢。

小相進去大約二十多分鐘後就出來了。

我問他情況如何，他笑著搖了搖頭，將方才寫的問事紙遞給了我，上頭寫了幾段話：

◆頭腦常常斷層，三清師尊（道德天尊）與他有緣，與元帥很好，因為是同一個師傅。
◆元帥常託夢。（三太子）
◆有一位姑姑或姑婆（白髮）想請您渡化。（長相：臉圓，穿道服）
◆頭腦斷層是因為有一名女子，要查一下。

◆媽媽四十五歲以後事業就有差。
◆屬蛇做金類、土類，明年可以。
◆可以求一下母娘，請母娘佛光別放太強，會使腦部產生斷層。
◆有時可到佛堂靜坐。
◆要修行不然胸口會悶悶的。
◆事業配合修行，求道德天尊事業順利。

我看了一下紙條，只對第二句和第三句較感興趣，我問小相乩身為何這樣說，小相表示他說出靈語後，乩身便宣稱附在他身上說靈語的是姑姑或姑婆。聽完後我只想哈哈大笑，果不其然，早期去臺中問事，堂主也說我是往生親人附身才會說靈語（詳見《我在人間與靈界對話》）。我又問小相，降駕的神尊是用靈語與他對談嗎？小相搖頭，表示對方根本聽不懂靈語，當然也不懂小相的靈語內容。

小相接著告訴我，道場的女堂主剛好在問事時進來（乩身與堂主是不同人），看到他在問事，認為能進大殿的不會是低等靈，仔細一瞧後便說，小相身上的靈體應該是瑤池金母旁邊的護法，告知小相需要超渡此靈體離開。

哇！瑤池金母身旁的護法，那麼位階很高囉！不要說是護法，就算是瑤池金母旁邊一個小小的侍女就很不得了。乩身說是往生的姑姑或姑婆，女堂主卻說是瑤池金母旁的護法，怎麼前後兩者的說法落差如此大？還說需要超渡？堂堂一位站在無極界瑤池金母旁邊的護法，何需超渡？難道要從無極界超渡到十八層地獄去嗎？對於初啟靈者身上的問題，每個宮壇一定有各自的說法，但從未看到同一間宮壇產生兩種分歧的意見；乩身是透過神明降駕辦事，而女宮主是以本身修為來看小相身上的靈體，那麼，誰的說法才對？還是要等到他們兩位爭論後才會有答案？

有一句話這麼說：「在某一個領域擁有聲望，不代表在別的領域擁有權威。」從鼎盛的香火可以猜想，宮壇主事者及乩身的辦事能力應該都很有口碑，行事風格也非常正派，不像坊間宮壇，動不動就以因果、祖先靈、嬰靈來恐嚇香客。他們確實很用心在處理信徒的問題，但並不表示所言的一切就是答案或真理，畢竟處理人界與靈學之事是截然不同的兩個領域，無法混為一談，就好像孕婦要生小孩，敢去找牙科醫師接生嗎？雖然都是醫生，但是專業不同

宇色OS小提醒

是否每一個人都必須經歷「學習靈語翻白話」的過程？我在初啟靈時便能順暢地以白話表達靈語，只是當時還摸不著靈修全貌，所以低調地選擇封口。待我再度開口講靈語時，已經無法像初期那般流利地轉換成白話，這才意會到「**靈語翻白話」需要不斷反覆練習**。

我漸漸發現到講靈語時，嘴巴念的雖是聽不懂的靈語，但腦中卻會逐漸萌出一種意念，一開始很難順利地捕捉那稍縱即逝的意念。在了解「靜心是洞察一切無明[4]」的道理後，我放下束縛，保持一顆平靜心，嘗試將後天意識與元神意識分離，講靈語時心中默念：「慢慢説……慢慢説……請説我所懂的白話。」靜靜體會心中那細微的意念，如同倘佯在大自然中，靜心聆聽風聲、水流聲……最終我體會到一個訣竅——**靈語並不一定要透過嘴巴，而是可以將意念停留在腦中**。經過幾年的努力，終於可以自由地轉換靈語與白話，奇特的是，我也開始能知曉別人口中的靈語，這種奇妙的感受，如非親身經歷實在很難體會。

那麼，靈語翻白話是一條漫長的學習之路嗎？其實，**一切僅在一念之間，「心」是靈修中最重要的法門**，隨時隨地保持一顆覺知內觀心，鎖住心中的專注力，不受外境的干擾，如此一來，當轉換元神意識時，從元神而來的訊息才能絲毫不受腦中雜質的影響。

[4] 常出現於佛法教義中，泛指迷沌不明的心，對世間事物無端引起的煩惱。

啊！這基本的觀念大家都懂，怎麼換到另一個場景，腦袋就打結不輪轉了？走靈修最重要的不在於接受他人告知我們多少事物，而是在於懂得選擇和放下干擾內心寧靜的言論。

大家都愛說你帶天命

或許是踏入靈修的時間較早，雖然跌跌撞撞，卻還是靠自己摸索出一條路，也因此培養出一個根深蒂固的觀念：「別人說的不一定算，唯有靠自己才靠譜。」我不是為了反抗而反抗，只是比較喜歡做自己，我討厭人家在修行路上指使我，或是用言語恐嚇：「你這樣會遭天譴！」「你不知道嗎？你的主等你很久了。」「如果你不這樣做，生命會有危險，甚至會有外靈附身……」當這類奇怪又帶威脅的言詞出現，我就會很反骨地硬去做給他們看，從小我的大腦神經元就裝了怪怪的轉換程式，只要出現別人口中的危險訊息，腦神經就會自動轉換成「一定要去做」。

靈修世界大到一輩子都探索不完，既然如此，又要如何斷定別人口中的個人經驗或傳言是不是真理，離事實真相又有多遠呢？我原本以為天性是遺傳、家族基因等因素所構成，在靈修後期才逐漸了解到，今世的個性是轉世帶下來的天性；就拿我自己來說，我在叛逆中帶著一股孩子般的淘氣，並非今世才如此，而是在投胎轉世前便這樣了。轉世的天性，很難在輪迴一世的時間內被輕易改變，否則豈能稱之為天性？

修行最核心的目的，不就是改變觀點看待世界嗎？而觀點不就是天性？因此，修行之路並不如外界所想的如此簡單，是一條艱辛坎坷的路，佛陀講經說法多年，繞來繞去不都是在講「心」嗎？

在靈修這條路上，有一個很奇怪的現象——大家都很愛跟你講：你在做什麼、你是誰……我實在搞不懂，也很想反問他們：「你又知道你在做什麼嗎？」「你又是誰？」就以我的元神來說，可能是我天生一副娃娃臉配上不太高的身材，外人對於我的元神，至少有十種以上的仙童版本，有三太子李哪吒的轉世、觀世音菩薩旁邊的金童、守護天庭仙桃園的童子、新疆的童子……諸如此類的說法，已經在我耳邊響了太多次了。

後期，在我所開設的課程中認識到一個學員，因為兒子叛逆的問題找了心理諮商師，結果又「轉介」給另一位通靈人——從教育問題變成處理嬰靈問題，到後來他被通靈老師說是帶天命，需啟靈、點靈認主，一路上搞東搞西，花了不少錢，卻只賺到一趟誰都不想要的花錢經歷，兒子叛逆的問題依舊沒解決！

我遇過一個個案，他有一點感應能力，偶爾能看見他人的元神。老師告訴他，他是該教派的護法，轉世天命就是要讓別人知道自己的元神是什麼，只要弟子出去拜拜，他就負責告知別人他們的元神為何。我問他：「你既然能肯定別人的元神，怎麼反倒要向我確認你轉世的原因與元神之事？連你自己都不敢肯定自己，那告訴別人元神與轉世原因的動機，是炫耀自己的能力，還是自欺欺人？」

愈早認清自己的問題不會由他人的嘴巴獲得印證，便愈有機會從靈修中脫穎而出。**印證是由自己實修體悟而來**，所有你需要知道的一切，都在你的身體裏面，宇宙的奧祕就銘刻在你的身體細胞當中。只是你還沒學會怎麼去讀取來自身體的智慧，所以只能閱讀書本，聽從專家的意見，並祈禱他們說的正確無誤。

多年前和友人到新竹五指山拜拜，兩人各自在正殿旁的桌上書寫天文，初期走靈修的習慣是寫完天文後就練習自己解讀，再與友人交換解讀對方的天文。當時，一位身穿制式宮主打扮——唐裝道服、戴著幾串天珠、留著落腮鬍——的四十來歲男子，站在一旁直盯著我們倆看。

明知道他在看我們，我就是偏偏不為所動繼續寫自個兒的天文。過了一會兒，

宇色OS小提醒

在南傳禪師阿姜・放[5]教導弟子的過程中，出現過這樣一個故事……

一個婦人自個兒在家修習打坐；當時有一個句子的幻象出現在她的禪坐中。她將句子照描下來，一個寺接著一個寺地請不同比丘為她翻譯説明。無人能為她解答，直到遇見一位比丘，告訴她那是阿羅漢[6]裏的語言，只有阿羅漢能了解，但他竟然厚顏地為她解説；事後還告訴她，她從幻象中所得的任何句子都可以拿給他看，他一樣會解説它們[7]。

之後，這位婦人初逢阿姜・放的時候，便對他提起此事。阿姜・放的回答是：「阿羅漢的心是超越習俗[8]的，哪一種語言能為那樣的心所擁有呢？」

有一次阿查・放的學生問他，當心中升起幻象時，如何能知道到底是真還是假？阿姜・放告訴這位學生：「即使那是真的，也只不過是習俗的觀點説是真的。你必須讓你的心超越真與假，修行的目的是使心清靜，其他事情都只不過是遊戲和娛樂罷了！」

靈修也是同樣的道理，自己的幻象都不應該相信了，為什麼還輕易相信別人的話呢？胡適不也説過：「做學問要於不疑處有疑，待人要於有疑處不疑。」

佛陀在數千年前已經指出，**思辨與質疑是修行中很重要的態度，不可因他人的口傳、傳統、宗教經典、邏輯、常識、外在推測，或是演說者的威信，就信以為真。**

5 「阿姜」為泰語中的佛教術語，意指出家超過十年的老師，在南傳中有許多以阿姜為名的大師。

6 漢語常簡稱為羅漢，是依佛的教導修習四聖諦，脫離生死輪迴達到涅槃的聖者。

他問我們是否知道自己寫的內容，我沒有理會，友人也沒有答腔，他看我們不講話，立刻口氣頗大地補上一句話：「要不要我幫你翻？」

這樣的大師實在是看多了！我心裏忍不住想：「又是一個喜歡告訴別人該怎麼做的老師。」

我和朋友收了收天文，什麼話也沒說地就走人。朋友說這樣的態度不太好，我告訴他：「一位真正良善的靈修者，不會說出『我幫你翻』這句話，他不會隨便向外人顯露自己的能力。而一位真正有能力的老師，也不會告訴你轉世的原因、元神是什麼、所寫的天文及所說的靈語是什麼，而是引導學生去認識自己然後實證它。如此才是靈修的唯一途徑，從別人口中所說出來的話都不會是真的，因為沒有實證的內容永遠不夠踏實。」

事後，一些較資深的同修告訴我，只要單獨在外面會靈、靈動、寫天文，都很容易被有心的宮主招攬進入自己的道場，培養成自家人，因為像我們這樣的人實在太難得了。

我剛開始認識的宮壇道場沒有幾間，不清楚背後的黑暗面，後來接觸久了，才逐漸了解，像我這種初啟靈就會講靈語、靈動、寫天文的人，常被許多有心人士視為珍貴的人才。原因很簡單，一個宮壇帶信徒出去會靈、進香，如果全部的人都不會靈動，只會拿香跟拜[9]，對一宮之主來說是很沒面子的一件事情。有乩身，又有一群會靈動的信徒，能在進駕時比劃出各式各樣的靈動接駕招式，在外界看起來總是比較熱

[7] 很多自稱老師的人都很喜歡做這種事，因為本身的無知才會讓他人有機可趁

[8] 此指世俗，泛指人間、世間。

[9] 只徒有形式卻不知拜拜的用意，亦不知堂上仙佛的精神為何。

鬧，所以，每一家宮壇都會想盡辦法吸引外來人才，或是自己培養一群會靈動的信徒，日後在出陣、進香時就會「比較好看頭」。

多年後的今日，我在自己的工作坊中，也看到相同的宮壇江湖味出現在一群學生身上。他們之中，有人年紀已超過四、五十歲，甚至有不少人啟靈超過二、三十年。在休息時間，這些人會倚老賣老地對另一群年輕學員自誇多年的跑靈山經驗。

「你知道嗎？我跑靈修至少有三十多年了。」

「我認識某某處的一位老師，很厲害喔！要不要我介紹給你？」

「你這樣走靈修不對喔！我跟你講，你要&%$@#&……」

看到這樣的情形，我對在場的學員說：「今日你們坐在這邊，不就是在靈修中找不到自修的路，所以才來上課嗎？即然如此，何不把舊有的觀念暫放一旁，先聽看看不同的靈修方法呢？」

我繼續說：「如果你們介紹的老師這麼厲害，何必再來我這裏上課？已經跑靈修三十多年，怎麼還會需要回頭聽一個靈修十多年的人分享觀念？送你們一句真心話：『靈修沒有最厲害的人，只有最願意面對自己缺點的人。』」

許多靈修者不論歲數多大，只要聽到何處有高人，或是哪個靈山廟宇對自己會靈有幫助，便會不辭辛勞的前往。其實修行中最難突破的，不是外在的挑戰，而是面對自己努力了這麼多年，原來不是真正的修行這個事實。

靈修者深入靈修愈久，對深信已久的靈修觀愈難改變，一旦發現一路走來全是假象，或者認清靈修無法解決人生的問題時，心裏所產生的煎熬與痛苦，往往會連自己都無法面對。

靈修的困難之處，同時也是成長的最大祕訣，就在於不斷地省思自己、懷疑自己並檢視自己的行為舉止。母娘曾說過：「這世界無需你來拯救，世間的運行是按照已定好的路在前進，只要每個人都做好自己的本分，世界便能良好的運行下去。」宗教上，大家都很想當救世主改變世界，卻不願意好好面對自己、改變自己，來投胎當人就是要從人的角度體悟世間一切。連最基本的人都當不好，又如何當救世主？

3 與仙佛會靈相應

我的雙手不自覺向空中升起，攤平掌心後又擺出握杖的手勢，我竟然拿到了地藏王菩薩手中的錫杖！

關聖帝君來降文

仙佛前來降文[1]時，會因為仙佛靈格能量、信息強弱及降駕程度不同，對人體產生不同程度的影響。

一次靈動練功時，感受到一股強勁的電流竄流全身，意識雖然清楚，身體卻承受不了這股無形能量，壓得我有點站不住腳；我感覺頭快要裂開，痛得趴在地上無力爬起。那股能量的氣場正義、嚴肅且正直，令人不自覺地肅然起敬；當祂透過意識向我表達來意時，才知道原來自己接到關聖帝君的信息（並非降駕），祂不怒而威地說：「玉皇殿是大多龍鳳兒[2]之靈脈出處，但一般人踏入靈修時卻好高騖遠，認為靈修就應要將學習層級提升至無極界仙佛，完全不懂飲水思源的道理。一切

[1] 指仙佛下降凡間給予凡人警示、啟發的詩文。
[2] 靈修人的統稱，男性稱為龍兒，女性稱為鳳女。

的修行應從基礎打起，玉皇殿便是靈修人靈脈的根基。就算龍鳳兒的靈脈並非出自玉皇殿，也應尊重修行的道統。玉皇殿是根本，亦是靈修人應該認知的基本觀念，許多人往往跳過玉皇殿，一心認為應該要直接修持無極殿、太極殿之心法，有著不平等心及比較心的修行心態是不行的。」

關聖帝君這段話，把我多年前初跑靈修時的懵懂情境，一一拉了回來。

猶記初次跑靈山，便是到新竹縣北埔鄉的玉皇宮與祂們相會，玉皇宮主殿供奉三恩主——司命真君、關聖帝君、孚佑帝君。一直到此時，我才恍然大悟，原來我第一次到五指山玉皇宮時，便與關聖帝君會到靈，是因為關聖帝君是玉皇殿的代表，而玉皇殿是靈修人靈脈的根基。那一天結束後，我才又繼續前往山頂的盤古廟，去會無極殿的眾仙佛。

一次到苗栗縣仙山協靈宮會五母之一的九天母娘時，我們依循著禮貌與道統，先從仙山山下靈洞宮裏的玉皇殿參拜起，卻發現靈洞宮甚少靈修者前來，而山上小小一間協靈宮九天母娘卻擠滿了人群！我沒有任何批評之意，僅是不解眾多人群擠在一起會靈、靈動、打坐，真的是以虔誠心向著仙佛嗎？大家口口聲聲說靈修是找回靈脈源頭，卻忽略了尋找靈脈源頭的同時，也要懂得修行的基本，如同關聖帝君所言：「玉皇殿是根本。」不論靈格高低、主神為何，一切都應以後天修為為主，修行本就應該以現實生活的體悟為要。

關聖帝君一席話，點出了許多人走靈修的心態，許多人接觸修行都是好高騖遠地追求名師，一旦有一丁點直覺力、敏感力，便想追求更高一層的神通力，看待仙佛的態度也常以靈格高低為靈修標準，我最常聽到以下幾句話——

「老師說我靈格高，路邊的土地公、媽祖、三太子、王爺都不用拜。」

「靈修就是要修元神，要向無極殿的仙佛會靈才能修圓滿。」

「我的主神是太上老君，是道教最高師尊，許多仙佛都沒有我主神高。」

「除非仙佛的靈格與元神同等級或者更高，才有資格教導靈格高的元神，就算肉體不知道仙佛高低，但是本靈很清楚祂們的靈格高低。」

諸如此類的論點充斥在臺灣的靈修領域中，先不論這些想法的出發點，但以個人角度來看，對鬼神之事應保持基本的尊敬，不應以不平等及狹隘的觀點看待殊勝[3]靈修。就算主神層級真的很高，但今世轉世為人活在世間，就要學習謙恭，而非狐假虎威，心中傲慢。或許有些玉皇殿的仙佛層次並不高，但就算是路邊的土地公、封神榜中的三太子李哪吒都活得比我們今世久，祂們在華人世界中受到無數人的膜拜，我們連基本生活態度都不一定能修得圓滿，又如何能以驕慢、鄙夷之心輕視祂們？

猶記多年前，觀世音菩薩曾對我言：「修行沒有高低之分，處於每一界的我們都是獨一無二的，靈格或許有次第深淺之分，但我們無分別心。」靈界或許有層級之分，但處於每一重天的仙佛都是獨一無二的，不論祂們身處哪一層級，都盡其修行本分，彼此不因靈格高低而產生分別心。連仙佛都專注於修行中而不去比較，處於人世間的我們不是更應該保持一顆平等的心嗎？

[3]《佛光大辭典》對「殊勝」一詞的解釋：事之超絕而稀有者，稱之為殊勝。

地獄錫杖出，菩薩現身來

首次與地藏王菩薩相會，是在臺灣北海岸的北海觀音（又稱北海老母），北海觀音位於北關海濱公園內（又稱蘭城公園），負責守護臺灣東北角一帶廣闊海域內的無形眾生及漁民安全。

此尊北海觀音並非一般觀世音菩薩，其宏願非同小可，如果元神靈脈[4]屬於觀音脈，本身又帶有特殊因緣降世，例如曾發下宏觀世音菩薩大願的人，或者脈緣與觀音甚深者，北海觀音便是必去的觀世音聖地。以會靈聖地來說，臺灣北、中、南各有一處靈修人必去的觀世音聖地，北部是東北角的北海觀音，中部有嘉義半天岩準提佛母，南部則是屏東龍峰寺紫竹觀音。

那是一個炎炎夏日的午後，抵達海濱公園時，高照的豔陽早已把公園的石板曬得滾燙，但朝聖香客仍絡繹不絕。當時跑靈山的年輕人甚少，是什麼樣的力量可以讓一群上了年紀的人不畏刺熱的太陽來此朝拜？是單純且虔誠的信仰力量，還是深覺人生是無止境的苦境，欲尋求神佛的幫助以得到一絲絲心靈的喘息？不論心態為何，如果少了一份執著與熱忱的心，在靈修路上必會產生退轉念頭。而我呢？當時會靈、跑靈山的心境是拿香跟拜，既不是出於對宗教的虔誠，更不冀望從祂們身上找到解決人世間種種難題的辦法，只有一股想揭開元神和靈修神祕面紗的好奇心。

我其實對豎立在山岩上、面對臺灣東北角海域的北海觀音有些陌生，因此向祂

[4] 靈脈出自於何尊仙佛，有因緣深淺及外圍核心之分，大部分的人靈脈都在離本尊極外圍處，僅極少部分人的靈脈會接近本尊。

會靈時，絲毫未有一點感應，身體擺動了幾下後就不再有任何靈動感——雖說仙佛都慈悲，但少了因緣的牽引，要入仙佛法門似乎還是有一段距離。

參拜完後離開北海觀音，往旁邊的石階走下去，便可抵達一個天然形成的小岩洞，裏頭供奉著濟公禪師、城隍爺、觀音菩薩及地藏王菩薩。對於這些耳熟能詳的仙佛，那時的我雖知其名，卻不了解祂們精神所在，與其說是帶著一顆無比虔誠的心，倒不如說是抱持著基本的尊重向祂們朝拜。

我沒有預設立場，無所求地以元神向地藏王菩薩會靈，原以為應該是一陣「莫宰羊」，想不到神奇的事情發生了！我感覺到面前出現了一尊右手拿錫杖、左手握著發光金球的菩薩像——我既無天眼通，也無陰陽眼，為何能以「心」感覺到菩薩像？此時我的雙手不自覺向空中升起，攤平掌心後又擺出握錫杖的手勢，我竟然拿到了祂手中的錫杖！這代表什麼意義？當時的我選擇放下這個疑問，因為心底明白：只要保持好奇心及正念看待疑惑，不向外求，總有一天答案會無預警地顯現。跑靈山會靈時所發生的千變萬化意象，若沒有一顆平靜心，很難窺看其中的奧妙。一直到多年後，我才知道原來這只是地藏王菩薩初期設下的甜頭，但這又是後話了。

昇龍觀音的心法

在準提佛母祝壽之日，我與共修佛堂的友人一同到嘉義半天岩紫雲寺向準提佛母祝壽。上香祝壽方畢，剛好有一團以三太子為首的宮壇前來祝壽，三太子乩身是一名五十多歲的婦人，她操著童音指揮宮壇的師兄姊準備祭祀事宜。哈！這正是我觀察的好時機——對於每一位乩身，我都會去觀察他們是真的外靈降乩[5]或人為意識。

神尊是否有入駕可從眼神和態度觀察出來，當乩童被外靈附身時，本我意識必須降到最低，外靈意識才能使用他的肉體，換言之，乩童如未能修到身心純淨，外靈便難以入乩童的身體。當外靈離去時，乩童的眼神會如大夢初醒般迷濛；而自我意識大於外靈意識的乩身，在入、退駕後眼神是差不多的，這就表示外靈附體的程度並不深，或者根本沒有神尊入駕。外靈層級的高低，則視處理事情的大小而定；靈乩與乩童不同，如有仙佛信訊降至靈乩身上，處理事情後，靈乩的神情並無太大差別。

我向堂上準提佛母詢問，關於此師姊是真假乩之事，得到了以下回覆：「一間宮壇的興盛與否，跟主事者、乩身有著密不可分的關係，一間宮壇若沒有乩身辦事，不可能聚集香客及信徒。此宮壇後繼無人，唯獨此師姊尚有一絲靈動力，雖然她的根基不穩，然而在眾人期盼之下，才會被拱為乩身。」所謂外行人看熱鬧，內行人看門道，祂的一席話也點醒了我進一步去思考神通、名望和權力。誰說道場必是清靜之地？假使一間宮壇為了凝聚信眾的向心力，在因緣未成熟及私欲摻雜之下產生了一位乩身，此心衍生而出的信念，是否能帶給世人正確的信仰力？而此乩身身上的神尊是否真的是三太子，答案已非常明顯。

離開紫雲寺正殿，我來到半天岩另一處會靈之處——昇龍觀音，昇龍觀音座下

[5] 本身元神之外的靈體皆稱外靈，在此並非指鬼妖等低等靈。

有一大片廣場，是許多跑靈山的宮壇舉行靈修儀軌與會靈之地。在會靈當下，我向昇龍觀音詢問關於祂的心法，祂告訴我：「昇龍觀音並非世人常言的觀世音菩薩三十二相之一。世人常將昇龍觀音比喻成觀世音菩薩的其他分身，殊不知，在菩薩界裏本有成千上萬尊的菩薩，我與觀世音菩薩並不相同。也正因如此，世人甚少在家中供奉與朝拜我，更不可能真正了解我的心法及精神，故甚少靈修人真正能夠修習我的特殊心法。」

我詢問是否能向祂學習心法時，祂指示說，我的心性尚未成熟，又不知道祂的精神所在，如何能修習祂的心法？此觀念隱約透露：靈修法門與佛法相應法[6]有著異曲同工之妙——相應是指與仙佛精神本性相融之意。需用心體會仙佛無量的精神所在，並以心向祂們學習，才能有所相應。祂告訴我，祂的精神是「以大無畏心無限付出，不求回報」，祂的願力及精神超脫世俗人所能做的。

我們生存在世間，面臨親情、愛情、友情所衍生出的糾葛時，真的能做到大無畏的付出精神嗎？我們會害怕付出後無法得到同等回報，也常常以不帶智慧的冷漠心看待世間上的一切，這也正是我的心暫且無法與祂相應的原因之一。昇龍觀音的一席話再次提升我對靈修的看法，靈修不應鑽研在神鬼術法與宮壇科儀中，應從紅塵俗世裏察覺內心的不善心，藉世間法來磨練我們渾濁不清澈的心性。

仙佛都擁有一顆慈悲的心，踏尋在靈修的路途上，不在於祂們願不願意教導，而是在於我們是否願意腳踏實地看待本身的心性。佛道雙修，雖然名相[7]及教導方式

[6] 相應在瑜伽論中說法有三：一者，一切所緣之境，與心相應，名境相應；二者，行與理相應，名行相應；三者，三乘聖者，所修諸功德法，因果相符，名果相應。此三種相應，攝盡一切法。

[7] 佛學用語，《佛學大辭典》說：「一切之事物，有名有相，耳可聞，謂之名，眼可見，謂之相。」在此指佛教與道教之間名詞上的不同。

不同，但萬法歸一，最終仍殊途同歸。靈修，是一趟靈性修行的道途，是一趟永無止境的修心法門；而會靈，則是抱持一顆真誠心與祂們相會的殊勝之旅。

瞎子吃湯圓，心裏有數

多年後我再次與小相前往五指山玉皇宮及山頂的盤古廟，抵達盤古廟時，發現當天的香客、靈修團體甚稀少，我與小相上來之前，只有一個靈修團體在進行赦因果的儀式。那一天，我在靈動時一直發出某一種聲納聲，聲音從喉嚨、胸腔直衝腦門與百會穴，那是一種透過聲納帶動內在能量的功法。

元神的心通能力

老實說，練功是一件非常累人的事，好加在我還算年輕，尚有體力能在靈動中學習到殊勝功法，有一部分也是因為我是男孩子，總是比較喜歡跑跑跳跳，又是學瑜伽、歌仔戲出身的，所以肢體動作也較一般人柔軟。

但是，人類是有惰性的動物，偶爾一放鬆就

宇色OS小提醒

會靈過程中是否真的與仙佛高靈有了更進一步的接觸，純由當事人去實證體驗，旁觀者很難以自我主觀意識去參與其中。我對會靈的信念是：**是否因此更深層地直觀未知的內在**。會靈，主要是為了向祂們學習，有時降予的功課是靈動功法，靈動功法與坊間氣功最大的不同，是絕不可以用人為操控，更不能以意導氣或透過觀想方式進行，必須完完全全地放鬆，才能以元神本身之真氣牽動大自然之氣。

學習靈動功法必須先有腹式呼吸法的基礎，才能在完全放鬆之下與元神合一。除了靈動功法，本身累世所修習過的兵器也會在會靈過程中顯現出來。以我本身為例，最擅長的是劍與槍，因為九龍太子曾在我未轉世時，教導過一套「九轉蓮花劍法」（可參閱Chapter 7），當在靈動時，動一念便可以在毫無訓練的情況下，操練一套變化多端且完整的劍法。

會從每日練功漸漸變成每週、每月才練一次。我在練功的時候，口中會不斷吟唱出悅耳的靈音（筆者自設的名詞），有時候也會摻雜著靈語，內容多半是告訴我此功法的名稱以及用途，一半也是督促我太久沒練功了。

信息方落，坐在一旁的小相突然開口：「你是不是很久沒練功了？」

咦？他怎麼知道？還與我接到相同信息？他聳聳肩表示，他只是認真的看我在練功，很直覺地就知道了——這種能力其實並不奇特，靈修本來就是在修鍊元神，而元神便是我們的心，只要願意下苦心走靈修，自然而然便能夠透過元神能力感應到一些外人所不知道的信息，或是莫名奇妙得知一些尚未發生的事情，有點類似心通。

笑看人世間，唯悟了自先

我常到廟裏拜拜，看著許多靈修團體在靈動、訓體，宮壇進駕、乩童操五寶，往往也可以直覺地知道誰是真的發生靈動、誰是人為自我控制，又或者是否真有外靈降駕到乩童身上——看久了，也就體悟到「瞎子吃湯圓，心裏有數」，反正有人愛看戲，就自然會有人愛演戲。

靈動到一半，一首偈文出現在我腦海中，我急忙請小相拿紙與筆來，將此偈文抄寫下來：

天地陰陽開，太極轉陰陽；伏羲觀天地，看透人世間。

心中知天地，需先了陰陽；天道人世間，何需向外求。
笑看人世間，思透古聖賢；豈知古人賢，唯悟了自先。

體會不是閱讀，而是深入地從內在去了解，我寫出這幾段偈文時，對於內容的理解不再只是字面上的解釋，而是深層的了然於胸——正如喝下水的瞬間，就已徹底感受、明瞭「水」，無需再用更多文字去形容。

偈文不是拿來炫耀、也不是拿來公告的，而是祂們警示後人的一種方式。

第一句意思是指，伏羲透過觀察星象而發現了八卦，透過八卦了解人性及捕捉到天時運作的祕密。此文是要提醒我，走靈修要把眼光及心胸放寬大，多培養敏銳心觀察天地萬物的生成與發生在身旁的所有事情，同時也指出靈修的精進方式重在下苦心反省自己。

第二句是說，要了解自己的天命，須先參透太極陰陽的道理。《老子》四十二章云：「道生一，一生二，二生三，三生萬物。萬物負陰而抱陽，沖氣以為

宇色OS小提醒

除了功法、兵器之外，會靈中最常出現的是仙佛降文，仙佛所降的文大部分是針對當事者心性上的指導，多數靈修人對於靈動中所說的靈語一知半解，此時就必須在會靈結束後書寫天文，將方才會靈過程記錄下來。宮壇的靈修者對天文常常流於形式，認為書寫天文是赦因果的儀軌，所以不用去了解它；大部分的人在書寫完畢，蓋上代表宮壇的宮印後，便會將之用火燒掉，甚少人理解「**解讀自己所寫的天文**」**亦是修習靈修最大的一環**。

不過也未必一定要書寫天文，以後期跑靈山為例，我已經知曉靈動以及與祂們會靈過程為何，就不必再書寫天文，但有時為避免事後忘記祂們所告知的內容，還是會在翻成白話後記錄下來。至於仙佛所降的詩文、信息是否為真，我個人的觀點則是偏向於「存而不論，唯心印證」的態度，既然發生了，就無須用主觀的觀點去看待，不用對與錯、好與壞的二元論[8]去評斷，僅用心去體會文中的意涵是否對自己有幫助。

[8] 中國的陰與陽，天主教的上帝與惡魔、惡與善即二元論的觀念，簡言之便是兩個對立觀點。

和。」天地萬物的運行是「和」而來，「和」包含了陰與陽之能量，天地維持平衡建立在陰陽和諧的法則上；人是天地萬物的一部分，自然脫離不了陰陽，所以，能夠了悟及看透自己的人，應該也就可以了悟世間真理——道。要了解太極陽陰之道，應先學習佛法中的正念，要有意識去覺察，並且不帶任何是非心去批判，才能從境中體悟一切及看待人生，是以偈文云：「天道人世間，何須向外求。」

第三句則是提醒我們，世人常常拿古人書籍作文章，以為背熟古人之言就是大智慧人，殊不知，這些古人聖賢是藉著前人所留下來的智慧來反省、觀察自己，而非炫耀自己的才能。這讓我想起孔子拜別老子的一則小故事：孔子要離開老子的住處，一段相送後，老子送孔子幾句話：「你所鑽研的學問，多半是古人的東西。古人已死，剩下的就那麼幾句話，不要把那些話看得太重。」「有道德的人都是很樸實的，你應該去掉一些驕傲、一些架子和一些妄想，只有這樣才能在社會中立於不敗之地。」這番話讓孔子大為讚嘆，認為老子是人中之龍。老子不把古人之言看太重的論點，不正與偈文的最後一段有異曲同工之妙嗎？

宇色OS小提醒

不論是書寫天文事後翻譯，或在書寫過程中便已經了解天文內容，**專注力都非常重要**，愈是專注於書寫的人，愈有可能了解自己所寫的內容。一次與友人在宜蘭三清道廟會靈拜拜，見到一位不到二十五歲的男生，在一旁快速地以毛筆寫下天文，此年輕人在書寫天文時一副漫不經心的模樣，而一旁不會寫天文的信徒卻看得一愣一愣——從他的表情可察覺，他書寫天文只是為了展露其特殊的能力罷了。

人活在人世間，應對自己的身口意保持覺知與負責，説出去的話、做出的行為以及所寫下的文字（簽約）都需要負責任，不是嗎？既然如此，為何對自己所書寫的內容抱著不負責任的態度呢？**保有覺知，我們就是佛陀**，佛陀是指覺悟者，也可以稱之為覺知者，靈修是修行的一種，難道不該隨時保持覺知嗎？

《道德經》四十七章云：「不出戶，知天下；不窺牖，見天道。其出彌遠，其知彌少。是以聖人不行而知，不見而明，不為而成。」萬事生成的原理並非深不可測、遠不可及，就藏在每一個人的心中，若能去除己見、內觀反省、除私去欲，並將內心擦拭得像一面鏡子照見自己，就能了知天下萬物運作的道理，是故不出遠門就能知天下事，不開窗也能了解自然的運作法則。

靈修、求道，無需向他人比較，一個花時間忌妒、評論他人的人，只是在浪費時間、與自己過不去，要了悟世間真理，唯先看徹自己、掌管好自己的心。

4

如戲的跑靈山生活

曾有一位老師，號稱自己在尋找一百零八位天人所轉世的人，於是一堆玄天上帝腳邊的烏龜和蛇、南極仙翁的座騎鶴、天庭的仙鳥等飛禽走獸，通通跑到他那邊去，宛如一座「天庭神獸園」。

靈修處處是戲碼

以前跑靈山時，因為不喜歡喧囂吵鬧的宗教儀軌，所以總是埋頭在自己的世界中，不太留意其他宮壇團體的會靈方式、乩身進駕及進香陣頭[1]。早期臺灣農業社會，家家戶戶衣食缺乏，每天總是咬緊牙關在過活，唯有逢年過節、神明祝壽時，才能稍稍嚐到大魚大肉的美味。人民為表示對當地神祇守護鄉民平安的謝意，結合了民俗技藝、歌謠、舞蹈為神明祝壽，在在表現出人民對神明直率的景仰之心。現今，宗教儀式少了肅靜的信仰心，卻成了各家道場、宮壇競相爭鬥的表演舞臺。

我已經不是第一次前往花蓮慈惠堂及勝安宮，猶記得初次與靈修友人前往花蓮

1 臺灣早期屬於農業社會，陣頭有酬謝神明賜人民五穀豐收之意。陣頭分為文陣與武陣，文陣現今只在重大祭典才會出現，在神明祝壽或進香時皆以武陣居多。文陣：歌舞性質居多，以音樂伴隨著舞蹈和故事情節，例如車鼓陣、牛犁陣、桃花過渡、花車、公背婆等等。武陣：具濃厚的臺灣傳統道教性質，多半具有武術、陣法腳步。形式大多如八家將、蜈蚣陣、龍陣、獅陣、宋江陣、醒獅、舞龍等等。

慈惠堂，是先從北臺灣繞至第一站——宜蘭三清道祖廟，接著便是花蓮慈惠堂、勝安宮，一行人再從南橫回到中部。

再次造訪慈惠堂和勝安宮[2]已是多年之後，當天適逢瑤池金母聖誕，兩間廟宇湧進了從全國各地前來的進香團。我看著各家宮壇陣頭在廟門前三進三退[3]，鑼鼓喧天，由乩童開路展五寶現神威、宮主穿著代表主神的服飾、手拿神尊信物進入廟裏，虔誠的香客及信徒擠在四周膜拜，進香陣頭則一團接著一團，沒有停歇過。較具規模的宮壇，其乩身入駕時會穿著降駕神尊的衣服，就連一般人都能分辨一二：身繫紅肚兜、頭綁兩根沖天炮的是三太子；穿著補丁僧服，右手拿蒲扇左手拿葫蘆的就是濟公；梳著民初老太太髮包的，一般是瑤池金母的打扮。一時之間，各式各樣、不同朝代的神尊全部聚集在廟宇前，讓人有天庭下凡人間、時空交錯的幻覺。

宗教儀式只要能勾起人們對仙佛精神的虔誠心及向心力，就夠了。一般人喜歡熱鬧，自然會衍生出各種符合人心期盼的儀式，只是，行走在宗教裏，勿忘常常捫心自問：「是否能在儀式中洗滌內心的陰影？」喧囂後終要回歸平靜，到全省仙山廟宇會靈，不是盲目地活在自己的世界中，而是要看周圍的人以何種方式接觸宗教——是觀察、也是學習，藉他人來反省自己的言行舉止，以在靈修道途中見本性。

一大早，花蓮勝安宮已經擠滿了進香及返途的香客，在二樓閣樓處，我看見一群五至六人左右的靈修團體，這種靈修團體在臺灣不算少數，帶領的是一位五十餘歲的中年男子，其職位有點像是宮壇進香隊伍的開路乩身。只見他不斷向堂上瑤池金

[2] 兩間廟宇均是瑤池金母開基廟，初期稱勝化宮，後期因人為因素分為慈惠堂與勝安宮，靈修者至花蓮朝聖瑤池金母時，兩間廟宇均會同時參禮。

[3] 宮壇進香時，欲進入廟前表達最大敬意的儀式。一般會以工作人員扛著神轎或是轎鑾示意三進三退，其他宮壇信徒則在一旁守護跟隨。

母大力叩頭膜拜，虔誠心非一般人可及，仔細觀察，他額頭正中間竟長出一小顆直徑二到三公分左右的「角」，我猜想應該是經年累月之下，被他的虔誠心所磕出來的；另一旁的一位男子，頭上也長了一顆與他相似的角，只是尺寸不如他大顆。

暫且不論他們的修行方式為何，就以他們對瑤池金母膜拜的模樣和額頭上那顆角，便可看出他們對仙佛的恭敬與虔誠，已經超乎一般人所能及。是何種動機與信念，讓他們有如此的向心力？我們是旁觀者，無法單以虔誠或是愚昧、迷信或是正念來評斷任何人的宗教觀，但值得靈修人反思的是——你是否只是假借修行二字來追求神通，或逃避不順遂的現實人生？

修行人「這樣」當？

臺灣廣為人知的會靈勝地和廟宇大多蓋在風水極佳的郊區與山上，有些廟寺礙於地形位置無法蓋太大，每逢假日或仙佛聖誕之日，便會被進香團、遊覽車跟靈修團體擠得水洩不通。別說要好好欣賞廟寺建築與山中風景，有時連拜拜插香後要轉身的空間也沒有，甚至還要提防會被天外飛來的香插到。

搶位子、喝酒、玩牌

這還不打緊，如果遇到大型靈修派的宮壇、道場前來，有時還會上演搶地盤的戲碼——讓自己的弟子、信徒在廣場靈動訓乩或進行祭改。比較客氣的會趁著人潮縫隙慢慢滲透進來，神不知鬼不覺中佔據整個廣場，我就常常發生閉眼向堂上仙佛上香祈禱心中事，睜開眼就身陷在不知名團陣中的窘況。我還遇過一大群進香團衝進來，帶頭師兄大聲咆哮：「閃！閃！閃喔！」仗著人多勢眾，把原本在天公爐前拜拜的人潮沖散，好讓自家的信徒及弟子佔領住廣場。

此外，有部分進香團在夜宿進香樓時常會聚眾玩四色牌、撲克牌或喝酒。如果靈修是一種修行，那言行舉止不是更應該符合修行人應有的態度嗎？若不能為行為帶來正面的改變，不就只是換了一個身分包裝而已？曾有人問我，為什麼道場的男生大多嚼檳榔，吃得滿口紅通通還缺牙？我只能無奈地表示：「有人是以道場為修行場所，所以懂得約束自己行為；有人則是帶著欲望進道場，滿足生活中的不平衡，或追求對玄學的好奇心——前者是修行心，後者是好奇心。」

先丟鞋子，後採壽金蓮花!?

我曾經到各處仙山廟宇會靈，看盡無數靈修的宮壇、道場，既不祭拜亦不上香，只一股腦地在廣場前會靈，大聲地哭鬧與靈動。來到廟宇前必是希望與祂們在

宇色OS小提醒

佛陀曾開示：「一切合成之物皆是無常。」要了悟並運用在生活中，實為不容易的真功夫。如果有心進入靈修，應多修習佛法的內觀功夫，並參透《道德經》中老子所傳遞的靜心心法，在佛道雙修之下，看待本身在靈修中所升起的種種心性，看透自己的內在本性，才能了悟生命當中的每一件事，而不是當一個跑遍靈山數十載，卻依舊不了解自己心性的人。

對於那些不敢面對自己的靈修人，老子曾言：「對抗外力是大力，而真正的勇者是能克服自己劣根性的人。」靈修路上，真正的老師只有兩位，一位是**自己**——願意以大無畏心來面對自己心性的，便能以精進心實修靈修路；而另一位老師，就是**仙佛**，但最先決的條件是，我們是否符合第一條「以精進心實修靈修路」。

精神上能有相應，怎會不先上香稟告來此的想法，反倒拚命地做自己的功課？這似乎有違祭祀的基本道理，不是嗎？

某一年到屏東另一處會靈聖地——龍泉巖朝聖，龍泉巖主神供奉大行菩薩，兩旁是普賢菩薩與文殊菩薩，還有地藏王菩薩與十八羅漢。

到了龍泉巖，吸引我目光的不是人潮洶湧的香客與靈修團體，反而是一群往空中拋鞋子的人，當時我還以為是年輕人在玩鬧，細看之下才發覺不對，怎會有人在這種地方嬉戲？直到內殿拜完走到外頭，那群原先在大廳前拋鞋子的人，又換了另一種形式——踩壽金折成的蓮花，上頭還擺著長壽牌的黃色香菸盒，踩完後，主事者拿起地上幾乎已成爛泥的壽金蓮花和香菸盒，要眾信徒右手拿壽金蓮花，左手比蓮花指，從大廳的右邊走向左邊……

每個團體對於宗教儀軌都可以有自己的做法，我們無權干涉，但一群三、四十歲的成年男女，難道不曾反問主事人為何要做這些動作？腳踏印著福祿壽三仙的壽金蓮花，不會覺得對神明不敬嗎？香菸盒放在壽金蓮花上，難道是要給神明抽的嗎？我從來不曾看過神明指示人們做哪些繁瑣的宗教儀軌，卻常看到一堆堂主教導信徒做一些莫名奇妙的事情……

到底「接」到什麼寶？

有一次，我與友人到嘉義半天岩紫雲寺[4]拜拜，巧逢當日廟方山門[5]處供奉的準

[4] 半天岩紫雲寺位於半山腰，相傳已有三百多年的歷史，主祀觀世音菩薩與三寶佛。寺址：嘉義縣番路鄉民和村半天岩六號。

[5] 廟寺大門。

提佛母6聖誕，靈修派所朝拜的廟宇皆屬開基廟7居多，因此為準提佛母祝壽的香客絡繹不絕。

其中，某宮壇信徒的一位年輕男子與兩位師姊吸引了我的注意，他們三人站在廟寺前廣場，一位師姊手拿寫滿天文的黃表紙8在男子面前喃喃自語，另一位師姊不斷在他身旁靈動，而男子則站在兩人中間兩手合掌，掌心微虛，彷佛捧著某物，但此男子對手中無形寶一事必然懵懂不知。

趁著兩位師姊暫時離去、男子獨自一人合掌轉回廟寺時，我請友人前去探問，友人回來後印證了我的猜測——男子並不清楚自己方才到底做了什麼事情。

這位男子還沒有啟靈，不可能知道如何靠自己會靈並接到無形寶，一定是一旁的師姊告訴他的。而該師姊在靈動時神情嬉笑，時而笑言不止、時而又開始靈動，如此神態便可猜出她未與元神合一；至於手拿黃表紙的另一位師姊，從一開始喃喃自語到燒化黃表紙，從未跟男子深談過，自然不可能有機會向他解釋領無形寶的來龍去脈，以此便可以猜測得出來，整件事情其實就是一場「你開心、我開心，大家一起開心！」的戲碼。

從我走靈修開始，至今已有十數年了，但這些畫面依舊不斷上演著，世人對於會靈、無形寶以及跑靈山都只是流於「前人怎麼說，我就怎麼做」的形式，難有太多自我思辨的空間。

無形寶既吃不到也摸不著，掉到地上也不會有人撿，一個人跑靈山接無形寶卻

---

6 半天岩主奉五母系（瑤池金母、九天驪山老母、母娘、虛空地母及準提佛母）之一的準提佛母，是五母系中唯一一尊具佛教色彩的仙佛。因個人信仰及觀念，有些靈修團體會以天上聖母（媽祖）或斗姥母娘取代準提佛母。

7 原是創立基業之意，後人延伸為廟內主神為全臺第一間創立的廟宇，肩負著為主神開闢疆土、宏法之意。

8 俗稱「黃表」，一種專供宗教祭祀時燒化用的黃色紙。

不從自身去思考一切的因緣為何而起，到頭來只是滿足自己的虛榮心罷了——走出了靈山，再回首只是一場空。

靈修是一件非常自我的事，在靈修上的所見所聞，外人均難以意會，就好比作夢一樣，夢境再真實也只能自己體會，他人的靈修經驗再神奇，充其量也是別人的經歷罷了。靈修的基本精神不在於去探究他人的經驗，而是在於是否願意下苦心實修而徹悟，因了悟自心而了解宇宙萬物的運作法則。

拯救世人的天庭神獸園

雖然我在走靈修之初，便從各種跡象中隱約猜出自己的主神是何尊仙佛，然而多年下來，我與祂就像陌生人一樣，並無深刻感應。也因為我的修行都以自己體悟為主，未能實證之前，我只把祂當成一般的神祇膜拜，一直到後期的靈修路上，才逐漸顯露出我與祂的關係。

半路認老爹——誰規定要點靈認主？

一路走來，我從未萌生點靈認主的念頭，我總覺得這好像半路認老爸，別人說前面有一位陌生人是我老爹，就要我向前對他喊一聲「爹」，這一點實在不太符合我

宇色OS小提醒

地圖並不是實地，地圖是將地表上的位置、高度及自然景觀以符號和文字表示出來，幫助我們對想去的地方做事前的了解；如果你不親自走一趟，地圖永遠只是地圖，要進入實地還是要靠自己。想要在靈修路上找回靈脈，最終要習慣靈修無法按表操課的現實。

「知道」靈修並不等於踏在實修的路上，實修是要看見、接受自己的心性，進一步以善知、正念來扭轉它，然後放下它。講來容易，做起來難，而靈修的奧妙之處，就在於讓我們能清楚地看見心性（元神），所以靈修過程中，一定要常常提醒自己**不斷觀照本身的心**。

的個性。點靈認主只是求安心，就像平安符帶給人們生活上一絲絲的安全感，實際上對靈修的幫助並不大。我只將認主當成一種靈修的過程，而不是踏入靈修的入場券，更不是最後的終點，只要記得保持正念思維與對靈修不偏頗、不怪力亂神的態度，有朝一日必能了悟自己轉世的原因，以及自己與主神之間的因緣。

至今，點靈認主已不再是靈山派專屬的用詞，也逐漸蔓延至其他相關行業，不管能力如何，通靈人、老師只要與點靈認主扯上一點點關係，就會有一堆「有緣人」送上門來。

反正這種東西公說公有理、婆說婆有理，最終都是死無對證、無法確認的無頭公案，誰能先抓住有緣人的好奇心，就能先賺到有緣人的錢。會去點靈認主的人通常是未有能力知道自己主神、靈脈的人，這些人往往會輕易相信他人口中無法印證的說法，最終就像水面上的浮萍隨波逐流。

很幸運的是，我「出道」較早，在點靈認主這把戲流行之前，就已經認清自己該走的路，也能早一點認識其他宮壇、道場還有通靈人，了解到很多網路上的通靈名人其實也是一路摸索上來，邊經營道場邊修正自己拉攏信徒的方式。

我是「天庭神獸園」的管理員

我看過有一位老師，早期以尋找「一百零八位天人所轉世的人」來支撐起自己的教派，於是一堆玄天上帝腳邊的烏龜和蛇、南極仙翁的座騎仙鶴、大庭上的飛禽走獸，通通跑到他那邊去，宛如一座「天庭神獸園」；有動物也得有管理員吧？所以此教派也會告訴信徒，他們的元神是七仙女、仙童、玉女等天人轉世。

這些天人據說都是為了護持道場、維持臺灣宗教正義而下凡，千篇一律的說法都是為了拯救世人，但我實在很想問一句話：「一堆天人通通跑來臺灣，怎麼不投胎到衣索比亞、剛果、辛巴威、利比亞這些世上最窮的國家，去拯救那群人應該比較有成就感吧？」

想當初我也被名列在其中，然而據那位主事者的說法，我的元神不是天庭神獸，而是管理員層級的天人！當時的主事者還語帶威脅的表示，如果我不跟他修行，便會家破人亡、慘遭厄運。

讀者一定很好奇，在我還是小角色的時候，怎能不受這位教主的影響？當時的我雖然不知道自己的元神是什麼，但我可以肯定一件事：如果不修行就會慘遭厄運，那也是我自己的選擇。

還好我出道早，對這種老掉牙的「臺灣宮壇瘋神榜」把戲早就免疫，絲毫不受影響，這麼多年過去了，至今我還是闔家平安。而天庭神獸園的招術後來也難以聚眾，最後終究是不了了之，於是天庭神獸和管理員各自鳥獸散，繼續尋找能賜給他們虛榮心與特殊身分的伯樂。

至今，這類尋找一百零八位天人的戲碼依舊在臺灣網路上流轉著，其他還有瑤池金母十二大契女[9]、瑤池金母十二金釵、靈修法船上一百零八條靈脈、宮壇七大護

宇色OS小提醒

靈修路上的認主、點靈都是一種引導我們發起虔誠心的儀式，和天主教、基督教的受洗相同，只是進入一個宗教的入門磚，受洗後就真能得到耶穌、高靈的青睞嗎？點靈認主後，就能長保未來的順利平安嗎？若事後未能從內心升起正念來面對人世間的一切、了解仙佛存在的意義，認主、點靈、受洗便僅僅是外在儀式罷了。

[9] 義女之意，俗稱乾女兒。

法、七大金釵轉世等說法，在臺灣宮壇中不停流傳著，就像本土劇總是脫離不了婆婦問題一樣，只要有人愛看，過不了幾年就會在電視上重新上演。

點靈認主在有心人的包裝及利用下，儼然成為了商業模式下的另類生財產物，啊，sorry，應該說是新興的修行產物。一群人在人生不順遂的情況下，把點靈認主當作寄予厚望的心理投射，就好像年初一，每一間廟都在玩插頭香的遊戲，人生不如意時，也就把來年運途寄望在短短三十公分的香上。在修行上，人們似乎比較喜歡走簡單的路，只要花錢就能得到的東西，誰還願意多花幾年功夫去實修？就好像吸毒一樣會上癮。生活不如意、感情不順遂、工作不平順，每一分錢都是辛苦賺來的，但只要碰上點靈認主這玩意，就算負債，還是硬要擠出錢來！

5 無形的寶物

瑤池金母向我表示：「披風的作用是增加將軍的自信與勇氣，戴著披風上戰場，將帥在心理上便能得到莫大的勇氣。」

跑靈山會靈時，靈修人在元神覺醒到某種程度及因緣聚足下，會接到仙佛贈予某種無形寶物，這便是所謂的「接無形寶」。與元神尚未合一或未達一定程度時，大多不知道所接為何物，對於無形寶的了解也就只能停留在粗淺的程度上。早期跑靈山時，雖然偶爾可以確切地感受到無形寶的形體、名稱及大小，但由於當時的我對無形寶的感應能力並不高，所以大多時候，只能透過肢體動作去感覺。

受贈轉世披風

多年前與兩三位友人到北部山區某廟宇參拜，該廟宇供奉的主神為瑤池金母。我在瑤池金母前靈動沒多久，雙手不自覺地緩緩向堂上伸出，在瑤池金母前接下了某

一種無形物品，當時看不到，只能憑藉感覺去感應此物的形狀，似乎是一件細軟物品，於是透過意念向堂上瑤池金母詢問所贈為何物？祂告訴我是一件披風，並要我好好想想披風的用途。當下只想到披風具有禦寒的功能，於是瑤池金母又進一步問我說：「如果上了戰場，披風又有什麼用途？」我一時間答不上來，瑤池金母便為我解釋：「戰場上，披風的心理作用[1]是增加將軍的自信與勇氣，一位上戰場的將帥帶領士兵打戰時，披風對其心理有莫大的幫助。」

原來，披風還有心理上的功用啊！瑤池金母進一步說明，我自信心不足，果決力也不夠，容易受他人言語影響而動搖；不論是靈修修行或工作，一個沒有自信的人是很難有成就的，故贈予披風除了有勉勵之意，主要是想藉著無形的能量增強我內在的力量。此時我才恍然大悟，無形寶的力量，與靈修者本身的心性有著密不可分的關係，無形力量確實存在，但本人是否願意改變與調整，才是最大的關鍵。心念調整可助無形寶產生內心的力量；反過來說，如果心念不做改變，也不了解無形寶的用途，就算接到再多無形寶，也是毫無用處，只是滿足自己的虛榮心罷了。

我是天秤座，天性猶豫不決、缺少果斷力和毅力，然而不論你的星座、紫微或八字如何，都只是呈現今世轉世時的心性，再依心性預測未來發展的可能性。知道自己心念上的優劣勢（知天命），好的繼續維持，不好的就努力改善，如此才是來到人世間做為人的重點。一個人若願意徹底改變自己的心性，人生就不會是掌握在命盤上，而是在自己的心念上；任何無形力量都是建立在有形的事物上，風水、符籙、

[1] 在心理學上詞稱為披風原理，意指在處理一件重大事件時，可以透過想像披上將軍的披風，藉以產生自信、勇氣與堅定的意念。

水晶都是藉由有形的物體產生無形的力量，以達到改變現實環境的目的。靈修上的無形寶不也是如此嗎？無形寶只是藉由祂們的贈予，呈現我們內在的心性，經自己體悟或祂們告知後，再於現實生活中努力不怠地去實踐或改善，才能增強、放大無形的力量，而這也正是靈修奇妙與殊勝之處。

接到無形印章

結束此廟宇參拜，我們幾人轉往臺北另一處會靈勝地——淡水無極天元宮[2]。去之前我對天元宮的概況並不熟悉，友人雖然不走靈修，但因家族關係，從小在乩童、神壇的環境下長大；經他解釋，才得知淡水無極天元宮是大部分靈修人的朝聖之處，亦是臺北有名的賞櫻之地。淡水無極天元宮建築特殊，以類似飛碟圓盤型造成，據說是仿北京天壇，在設計上跳脫臺灣傳統宮廟的形式；供奉在無極天元宮最上層的是三清道祖與其師尊——鴻鈞老祖。

當我在鴻鈞老祖前靈動時，並沒有太多靈動功法呈現，放鬆肉體後，很自然地

[2] 無極天元宮依山勢而立，前後分成三大部分，以建立三大道場，依據的是傳統民間教派運行已久的時間觀——三期末劫：期分別指紅陽期、青陽期以及現階段的白陽期。

宇色OS小提醒

無形寶代表了種種不同的意涵，除了**仙佛因個人實修程度給予勉勵**之外，尚能**藉無形力量幻化為保護和加持，提升本身的能量**。單以保護功能來說，無形寶就像是我們平常在廟宇所拿的護身符，差別在於護身符的能量會隨著時間流逝而降低，一年半載後就必須拿到原祈願的廟宇燒化；而靈修者若能保持一顆虔誠心和正確的修行態度，無形寶的保護功能便可一直延續下去，甚至強化，但前提是靈修者必須懂得運用它以及了解它。靈修不到程度的人，想當然爾不可能接到無形寶，就算接到也很難了解無形寶的出處、用途及功能。

大部分人總是希望藉由無形力量來改變人生的不圓滿，或在當中追求異於常人的殊榮；這種虛幻的感覺可以滿足人一時的虛榮心，甚至讓問題獲得短暫的改善，然而當無形寶逐漸失去功效後，這種感覺也就隨之幻滅。很多人常一再地催眠自己，認為無形寶是有幫助的，但在盲目、不求甚解的心態之下，無形寶終究會失去功效，最終只是浪費了寶貴的時間。

做出一套隆重的行禮動作，便從鴻鈞老祖前接到一個類似木盒的寶盒，我愣了一下。同行的友人中，有一位具有能看見鬼神靈界的體質，我睜眼向她詢問是否有看見什麼？她毫不猶豫地回答我：「一個木盒。」

我嘗試打開寶盒，想知道裏面裝了什麼東西，意念一轉盒蓋便被打開。盒內裝了五、六顆大小不一的印章，我直覺地聯想：「該不會是要我為神明辦事吧？」我再度向友人確認是否看到什麼，她絲毫未經思考地回答我：「幾枚印章。」

我向堂上神明詢問：「此印章用意為何？」祂指出，古代為官之人，批完公文時總是會落款，代表此文已經過自己嚴格審閱，日後若有問題必須全權負責處理。今日接到此印章是在提醒我，印章是身分和地位的象徵，每句說出口的話都要考慮周延，勿因一時的情緒而直言不諱；一個懂得自重的人才能受人尊敬，而自重則是由言行舉止做起。能夠接到印章也代表在靈修上到達了某種程度，祂們因此給予肯定與認同，日後在書寫特殊用途的天文時，也可以為需要幫助的人處理事情。若要將印章說成辦事印也行，會因應事情大小的不同而領到不同層級的印章或令。

暫且不論這些印章是否要用來辦事，這段訊息對我而言意義非凡，當時的我個性相當毛躁，很容易因為外境影響而顯得不穩定，今日領到的無形印章和訊息，對我的警惕效果大過實質意義。至今我未曾將無形印章使用在天文上，一則是從未想替人書文上呈事情，另一方面也沒有想過要以辦事為主業。我很清楚一個觀念：領到無形寶、旨、令等等，最終要回歸自心——在處理每一件事情上是否夠圓滿與謹慎？是否能給予人們智慧提升內在？將「慈悲」折成兩字來看，慈者是給樂之意，而悲者是拔苦之意，合起來，便是懂得以智慧拔除人們內心的苦，又能給予希望與愉悅。我自知自己尚且做不到這一點，所幸事後的靈修道途上，祂們也教導了我許多慈悲的法門。

有人對於接無形寶不予置評，認為既無法使用在現實生活中，領與不領有何差別？不過是靈修者自己的幻境而已。

對此我沒什麼意見，每件事情的發生必有其因緣——種子選在某地發芽必有其因，無論是大自然的選擇，抑或是人為決定。無形寶亦是如此，它的出現一定有其意義，只是我們甚少理性和深入的研究它。

地藏王菩薩贈無形物

多年後，我在訓體時毫無預料的接收到堂上地藏王菩薩所贈予的一件無形物。自第一次與祂相會後（詳見第三章的「地獄錫杖出，菩薩現身來」），與祂的因緣便常有感

宇色OS小提醒

在全省會靈的勝地前，經常可以看到跑靈山的信徒弟子一一列隊整齊，等候主事者將領到的無形寶轉交給雙手捧在空中的信徒。我常在一旁觀看許久，並未看到任何無形寶由天而降，卻可以看到信徒領到無形寶後，臉上那一抹滿足與喜悅。此時我常不禁會想：他們根本不知道無形寶是否存在，更遑論去了解其用法及其所代表的意義。

一個真正實修的靈修者，要花多久時間才能領到無形寶，端看個人的因緣及實修程度。在這個講求速食的年代，甚少人願意下苦心實修，總是喜歡走方便法門，期盼在短時間內有收穫與感應，所以才會衍生出宮壇代領無形寶的儀式、領無形寶專屬的練法工具等；無形金龍珠一顆五千元、藍龍珠一顆三千元、無形蓮花五千元、盔甲一套一萬元等，依無形寶等級制定不同的價位，就算有些不合理，還是有人搶著要——有需求，就會有供給，這道理套用在宗教上也是一樣，非常符合人性，卻也令人無限感慨。

應，後來在為人處理往生者事宜時，也都是向祂詢問。在接到無形寶時，地藏王菩薩告知：「此物可製成實品，置於佛堂或家中，具有鎮宅及保平安之用途，如方便，也可隨身攜帶，當成護身物。」

我在當下即清楚地知道那件無形寶為何，其外型並不奇特，特殊的是可以在事後購買相同的物品，再以紅線纏繞外體，如此便是所謂的「將無形能量幻化為有形，藉有形達到無形」。

地藏王菩薩隨後又告誡：「此物切莫告知他人，有朝一日，在未經告知之下知曉你持有此物之人，便是有緣人，日後在修行上將有莫大助緣。」

我向祂詢問身邊的朋友、學員中，是否有祂口中的有緣人，祂全都加以否認，地藏王菩薩進一步解釋：「在宗教上具有影響力的人，不會只靠自己的力量達到如此成就；在初期，因本身的願力與堅定的信仰力，自然而然會產生三到七位極具有向心力的核心人物從旁協助，核心協助者的人數與出現契機，端看轉世因緣或今世業力，例如有人是透過今世修持，或與主神之宏願產生連結，而前來護持主事者。」

我向地藏王菩薩詢問「是否每一宮壇、道場或通靈人都必須具有護法」？祂們告知幾項重點：

一、身為護法必須深知所護之法為何，但臺灣人行走於宗教中，常常本末倒置，護人

（主事者）而非護法。例如關聖帝君與韋陀菩薩兩位仙佛，均為佛教的大護法，祂們不僅忠誠護持佛法並恪守本分；反觀臺灣各門各派，均只顧護人而不知所護之法為何。

二、護法之人必須深知己任，而非將護法當成名相工具。一般人常常會貢高護法身分，而忘記更應該學習的謙遜態度。

三、護法來自於古代聖賢與仙佛的故事，他們傳承於道統與脈源。舉例來說，將一條河水比喻做道統，而真正實修的修行者，便能因本身的虔誠心與信仰力，提升內心靈性連結至那條河流。主河流是道統，支流就是護法——護法是因主事者的實修而自然產生的，不應該以言語、行為等誘導方式產生。

四、一位正信與實修的主事者確實會在修行過程中，產生數位不同的護法，護法的天職是護持主事者所信仰的宗教，而非主事者本身。一位主事者的核心護法最多有七位，至於外圍的護法則依主事者本身的信仰力而不一。換言之，護法確實存在，是因主事者的信仰力而被吸引前來，但無固定的人數，也並非由乩身或主事者憑個人喜好「點痣做記號」。

宇色OS小提醒

《榮格與密宗的29個「覺」》中提到：「菩薩行的核心便是個體化。」個體化是指在心理上成為獨立、無法再分割的完整個體，開發自在的內在本性，並且做為一個整體，表現於生活之中。個體化也意謂著先清楚地覺察本來的自己，不論好壞，完全接受，從而讓自已愈來愈完整。這樣的修行道途，首先便是**重視自己的個體性及潛能，也接受自己的脆弱與不足**。

對我而言，「修行」兩個字等同於「自在」，不一定要侷限於宗教上，生活上的種種亦是如此。人生在世，心性上殘留著累世與今世的包袱，修行是透過生活的磨練及宗教的智慧觀點，教導我們一層一層地剝除心性包袱，尋找到最真實的內在。

地藏王菩薩最後補充：「修行須發自內心的虔誠實修，任何利用外力加諸在他人身上的言語、行為，都不是一個正信主事者應有的態度。」一個具有正信的主事者應該輔助信徒認識自己，誘發內在的虔誠心和實修心，讓他們從覺知中體悟與跟隨，不應隨便以言語或行為冠上「護法」兩字。人們喜好追求名相的名號，常因不滿現實生活的種種，而改從宗教中求取平衡；宗教中的頭銜應是實修、苦修而來，並非只是表象的宗教名諱，也不是拿來貢高、鄙視他人的名相工具。

事後因此物攜帶及製作不便，我並未把它製成實品，我至今從未向人提過地藏王菩薩所贈之無形寶，也未抱持等候有緣人之心態，一切隨緣而至。近年來，常遇到不少有緣人想協助我在靈修與宗教上的大願，對此我卻興趣缺缺，我表明：「我有此命格並不代表一定要選擇這條路，在大格局裏，就得面對更多人的問題，人多有人多的困擾與麻煩，我不甚喜歡處理人與人之間的事情，這比處理神明的事還要麻煩。無人協助固然創造不了大格局，但卻可以在小格局中做好本分，這不也是盡職的行事態度嗎？」

6

靈界奧妙

依稀間僅能看見瑤池金母模糊的輪廓，祂右手拿著龍頭枴、左腳踩著小踏臺，強烈的靈氣令我跌坐在地爬不起來，只好半蹲聆聽其教誨。

靈修奧妙之處是當我們愈是探尋它，愈是感覺自己的渺小。能夠深入其中的實修者會了解，我們費盡一生所學的一切，在這靈界中比一粒微小的沙子還不如，明白了這一層道理，人自然會懂得謙虛之道。

要從靈動中提升元神進入到另一度空間，要訣是：「一心不亂，鎖住元神（專注力）。」提起專注力，將心放在鼻息或是額頭處，有點類似內觀的心法。在靈動過程中可以有肢體動作，但以不碰撞到桌椅為原則，保持一顆平靜心，完全不能滲入一絲絲雜念。雜念愈少，才能讓元神不受干擾地展現最原始的樣貌。

這道理說來容易，做起來卻很困難，一心不亂的功夫要從平時內觀功法做起，當生活中升起憤怒心、不平心、指責，甚至開心時，皆要時時提醒自己專注於呼吸，藉此培養成熟的心與穩定的情緒，如此在靈動狀態時專注力才不容易被外境拉走。

靈動功法千變萬化，絕非旁觀者及五術命理研究者所能想像，未能深入其中的人，永遠無法體會靈動過程中的種種不可思議。靈動時修習的功課，是仙佛依個人的心性成熟度、時機及因緣所給予，各有巧妙與不同；故修行無從比較也無從競爭，一切來自於自身體悟，平時愈努力調禦心性，才能在靈動功法中獲得愈多不同的感受。以後天靈實修心性帶動元神，才能一階一階地踏進靈修核心，修行人應培養止觀（止息妄念）的態度，思考靈修真諦，而非盲目地聽信未經實修印證的說法，或四處會靈、赦因果、求神通。

靈界真的存在嗎？

靈動時會有各式各樣的功法及功課，若能深入靈動狀態一定會有不同的收穫，在這過程中，唯有仙佛才能了解適合我們的功課為何。我未有天眼通，平時看不到仙佛鬼神，但進入靈動狀態後，便能自然而然地與另一世界的頻率接軌，感覺到另一度空間的存在，那是一種非常奇特的感受。

有一次在靈動快結束之際，瑤池金母的靈識[1]毫無預警地降了下來。一開始並不知道祂是瑤池金母，我從未真正見過祂的容顏，只是當下心中一股莫名的悲傷油然而生，頭部劇烈的疼痛——靈氣並不會令人感到不適，只是不太健康的身體難以承受，此時我才真實感受到仙佛降駕時的強大能量與靈氣，未親身經歷的人絕對難以相信。

[1] 仙佛本尊不會輕易降駕世間，通常降下來的僅是祂們的靈識；靈識如同陽光——太陽無需降臨世間，人們亦能感受陽光的溫暖。

瑤池金母的氣場與先前關聖帝君的氣場迥然不同，前者是慈悲中帶著威嚴，後者則是嚴肅且剛正。依稀間，我僅能看見瑤池金母的模糊輪廓：中年婦女身材，並不如一般神像所刻的那般年老，右手拿著一支龍頭楞、左腳踩著一個小踏臺。祂身上強烈的靈氣使我承受不住，頭和身體劇痛不已，我跌坐在地上爬不起來，只能半蹲著身體聆聽瑤池金母的教誨。

仙佛降下時的氣場原來如此殊勝與強大，一個人若真正看到祂們在眼前現身，豈敢胡言亂語、做出違背良心之事？我有幸能面會瑤池金母聖顏，其威儀直入我心，虔誠心、信仰力、懺悔心肅然而起，再多的言語、文字也無法形容。

參究一切只有靠自己，沒有他人可以替代——我的所見所聞對他人而言是真是假並非重點，重要的是能在過程中自我體悟，這也是另一層次的成長與靈性成熟。反觀有些靈修人在靈修路上跌跌撞撞一、二十年，仍無法深入核心，始終必須仰賴老師、乩身的教誨，以及書籍文字、種種宗教軌儀等經驗來建立起虔誠心，還可能因為紅塵俗世引起掉舉心及貪嗔痴，實在可惜！

拜鬼不拜神

一日靜心內觀結束後，我突然想起，宮壇、廟寺內到底有無鬼的存在？我跑靈山參拜眾多廟寺，從不曾看過鬼，怎麼現在卻開始流傳起宮壇是在拜鬼而不是拜神的傳聞？我以此疑問詢問瑤池金母，念頭方落，在共修佛堂上頭突然出現一面直徑約一百八十公分的大八卦，八卦中心有一面太極。無極老母告知，欲了解陰間事，必先了解太極運行的智慧。我不解太極與陰間有何關係？於是懇請無極老母指教。

「太極藏陰陽，善與惡必須依循太極——道，來維持平衡。盤古開天以來，混沌之氣被分割為陰與陽，於是有了上天與下地之分，同時間也產生了陰間與陽間，天神與邪魔，它們皆為宇宙生成之定律，仙佛亦無法改變。當陽間人心愈沉淪時，必有一股良善力量會崛起，而團體、組織愈追求純淨、公平、正義之時，必然另有一股邪念竄起。」

與無極老母對話之際，祂的每一句話皆伴隨著影像，在我腦海中構築出混沌之氣與宇宙星象的畫面。我向無極老母詢問：若世間有一個教派的宗旨是對抗邪惡力量，維持良善宗教，或者標榜自家宗教最為神聖，又該如何看待？

無極老母解釋：「道為宇宙生成定律，仙佛皆無法、亦不能改變及扭轉，人們又如何能維持與對抗？出此言之人想必尚未看透太極、陰陽之大

宇色OS小提醒

在靈修路上，我對於神祇、鬼神之事始終抱持著恭敬與禮敬的態度，無極老母曾道：「我們存在的價值，是因你們的存在而存在。」這句話意指，我們以何種心態看待鬼神，鬼神便依此存在人們心中。**心存敬仰之心，自然不受鬼神左右**，不懂得自省之人，一味地貪圖透過祂（它）們來改變運勢，最終陷入無法自拔的泥沼中。故孔子言：「務民之意，敬鬼神而遠之。」（專心致力於人倫合宜的道義，對鬼神要心存敬畏，但又不生邪念去招引追求，就可以說是智了。）

相信自我、擁有自信心的人，遇到人世間波折時，會先反求諸己再向祂們祈求，自然便能得到無形能量的幫助。了解本身的命格，順應其道而為，知道何謂可為、不可為，人生的波折便會較小，就算真處於逆境時，我們也應「向內求、了解心中道」，而不是怨天尤人、指天罵地。事事皆將生活與鬼神畫上等號，口中動不動就講因果、鬼神、祖先靈、嬰靈、風水之說，等於莫視「修行在紅塵」的道理，如此本末倒置的心念，又怎麼能稱得上精進心？

道。」我詢問無極老母，對於人世間的邪惡與不軌之事，甚至心術不正之人，修行人又該如何自處？

無極老母道：「平常心看待。」有心術不正之人必有良善之人，把專注力放在批評邪惡，只會使心更加混亂。無須力抗於它，只要順勢往良善、正面的一方前進即可。

當人處於極度低潮時，必然會有善因緣的人事物前來平衡運勢，只是人們習慣比較、抱怨，不懂得以平靜心看待一切；遇到低潮不平之事，便四處求神問卜、算命改運，以此心態力抗低潮，只會不斷延長厄命。無極老母一席話卻讓我想起《祕密》一書的摘要重點：

①你當下的思想正在創造你的未來。你最常想的、或最常把焦點放在上頭的，將會出現在你的生命中，成為你的人生。

②不好的感覺和好的思想，是不可能同時存在的。

③不要把焦點放在這世界的問題上，把你的專注力和能量放在信任、愛、富足、教育，以及和平上。

宇色OS小提醒

在蔡志中所繪的「孔子談中庸」中，引用了孔子提到古人看待鬼神之觀點。

孔子說：「鬼神對於人的性情，功效真是大極了，看他不見，聽他無聲，但是卻無所不在，像是具有形體的事物不能遺棄。使全天下的人齋戒沐浴，穿著整齊的衣服去奉行祭祀，到處充滿著鬼神的靈氣，好像就在頭頂上，又好像就在左右。」而《詩經》曰：「神的來臨，是不可臆想測度的，怎麼可以厭惡不敬呢？鬼神的事本來是隱微的，卻又如此的顯著，所以真實無妄的心不能掩藏，就是這個道理啊！」[2]

古人感嘆玄穹與鬼神的無形能量，但卻能**以正念視之**，將其視為存在天地之間的靈，不以恐、懼、求、慾、貪等心念看待祂（它）們，而是保持一顆尊敬之心，人、神、鬼三者之間應有的關係，千百年前的古人早已看透與講穿了。

[2] 原文，子曰：「鬼神之為德，其盛矣乎！視之而弗見，聽之而弗聞，體物而不可遺。使天下之人，齊明盛服，以承祭祀，洋洋乎如在其上，如在其左右」。詩曰：「神之格

無極老母道：「西方所言的『吸引力法則』僅停留在太極陰陽的表象，太極陰陽隱藏著一般人所無法透澈的大智大慧。」我心中暗笑，大聖人老子早在二千五百年前便已言明現今最流行的吸引力法則，只是身為炎黃子孫的我們，竟不曾認真研究老祖先流傳下來的寶藏。《道德經》是一部不可多得的經典，如能貫徹其教義於生活中，必能在靈性及心性上有大收穫。

我又回到現今最常被討論的問題：開壇辦事的宮壇內真的有鬼嗎？大部分的神祇也是鬼嗎？無極老母引用陰陽太極原理向我解釋道：「水清無魚。」[3]

那為何有人宣稱宮壇內全是鬼呢？無極老母回覆：「能見鬼不代表能見神。見神須有正念及一顆明辨是非、窮究事物之心和穩重成熟的修行見地。成天滿口神鬼之人，其心並不成熟，又如何能見仙佛呢？」

假仙佛之名辦事的千年樹精

鬼與神、妖與仙本就充斥於世間。我想起多年前與友人至南部遊玩，行經某處宮壇，主事者是某大公司老闆，在早年的種種因緣之下，開始為道德天尊與華陀仙師辦事。

我抱著好奇與探究的心和友人向前問事，在與道德天尊對談間，我私毫感受不到精闢的人生智慧，而華陀仙師前來為我們把脈問診時，亦感受不到傳聞中高超的問

思，不可度思，矧可射思。夫微之顯，誠之不可揜如此夫！」

3 出自《漢書・東方朔傳》，謂水太清，魚就難以存留，在此指人世間本就是鬼神充斥的空間。

診醫術；我深知華陀仙師與道德天尊都不可能下降凡間辦事，頂多是天兵天將或與祂們有因緣的外靈附身其中。

事後瑤池金母告訴我，那日依附在乩身身上的是修鍊千年的樹精，千百年前它曾是無極殿外的一根龍柱，與道德天尊有深厚因緣，才能代道德天尊之名辦事，而一般修鍊千年以上的樹精，本就有頗深的醫術，並不足以為奇，雖然它假冒兩位仙尊名號為人辦事，無極老母告知：「它是一位具有千年道行的良善樹精，因須福報及精進於修行，故借體為人辦事，既然如此，又何須在意它是否為正神？」有鬼必有神、有陰必有陽，重點不在於是鬼或是神，而是心念，善鬼亦是正，惡神亦是邪。

對於陰陽之道，無極老母進一步解釋，每個人身上都有一個太極陰陽，謂「太極動、運勢轉」，尤其是真正實修的修行者（包含宗教修和生活修兩種）或修鍊靈魂（元神）者會更明顯。純正、向善的心念能直接轉動身上的無形太極，太極轉便能轉運造命、扭轉命格。因此，實修的靈修者能另創自己的命運，因為靈修人的命格已跳脫既定的八字命盤，坊間五術命理難以斷定其未來。那麼，是否只有走靈修才能改變命運呢？古云：「一命，二運，三風水，四積德，五讀書。」行善積德與勤讀書亦是改變命運的方法。

老子《道德》經中云：「天能順道所以清，地能順道所以寧，神能順道所以靈，谷能順道所以盈，萬物順道所以生。」便是指世間萬事萬物皆應順道而為；孔子傳道亦有云：「順道而行則吉，反其道而行則凶。」無極老母言，人們應學習古人智慧，以觀察力及靜默心，沉思本身蘊藏的道（天命、命格），順本身的命格而為之，而非事事與人比較，執著、貪求非本身所能及之事物。

無形太極位於人的印堂第三眼之處，平時太極不會轉動，在宗教上有深入實修者，太極便會轉動；而靈動時是否由元神帶動、是否真正進入靈動狀態，只要觀察其太極是否轉動便能了解一二。除此之外，具有高操品性、意志堅定、正信正念的人，陰陽太極亦會快速地轉動，所以我常常奉勸一些運途不順遂的人，與其四處花錢求神問卜、預測未來，倒不如多參加戶外運動，多行善事、發善心，多講一些鼓勵人心的好話，少講一些無益的八卦或損人的話，就像齒輪與齒輪之間的相互帶動，轉動隱藏在心中的太極，命運便也隨之轉動。

靈降在凡間，元神在太虛

許久之前，我便了解後天靈與元神之間的關係——後天靈投身於肉體，元神卻依舊身處在天界，等待後天靈修心圓滿後合而為一，也明瞭今世元神甦醒是因後天靈與元神之間產生了連繫的結果，但我始終未親自深入去探尋此道理。坊間流傳元神覺醒的人須提防被有心人捉走、如不走靈修會精神錯亂等無稽之談，我從未將之放心上。元神根本不在人的身上，身上所存的元神僅是意識覺醒罷了，外人又如何能捉走？假使真的因為走靈修而產生精神錯亂，也是因修行心以及觀念偏頗致使幻覺產生與精神分裂罷了。一個具有正信、正念、正思維之人，不容易誤信未經證實的內容；心念不容易動搖者，便不可能產生錯亂。也因為如此，我有一個深刻的體悟：未能建立起自信及正念，容易受他人影響的人，並不適合將靈修當做修行法門。

一日於共修佛堂修習功課，心中萌起一念頭：「我們的元神位於何處？」於是我便興起觀看元神出處的念頭；其心法與觀落陰相同，須與負責掌管元神靈識的仙佛會靈，前提是必須與仙佛精神有所相應，方能接獲祂們的心法，心念動，待因緣成熟便能一觀。

靜坐前先祈請堂上仙佛予以協助，我闔上眼，以南傳佛法中教導的內觀法——專注力鎖住鼻息，靜靜盤坐。過了一會兒，一道很強的能量引領我拿起紅色簽字筆，一一地描繪出元神所處的天界殿堂。

「在一道中式半圓形拱門上，一塊木牌上清清楚楚寫著三個字的宮名。」我對道教神祇、殿堂雖不熟悉，但此刻卻有一個念頭閃過腦海：「此宮歸三清道祖所掌管。」隱約間了解，是三清道祖中某一位天尊的居處。我畫完拱門後，又在門前畫出一座高約四十五公分的八卦型臺子，八卦裏藏著一面陰陽太極圖，臺子兩側各站有兩個穿著灰色道袍的童子，年紀七到十歲左右；我向祂們詢問道號，祂們告訴我，一位名為玉清，而另一位的名字我始終聽不清楚，但透過意念得知祂們負責看管此宮與宮外的八卦臺。不同於觀落陰時須閉眼才能進入另一空間，過程中我全程張眼，集中專注力畫出所見的畫面。

那座宮廟門後似乎有我想要一窺究竟的事物，但不論如何努力，總是有一股力量阻擋我進入。隱約間我感覺到門後有眾多天人在裏頭靜坐，其動作各異，有金剛坐、吉祥臥、亦有單腳單盤，一道聲音出現：「世間人的元神大多會待在此宮靜坐，待因緣成熟、熟睡或往生之時，宮內的元神便會甦醒。」最明顯的例子，便是有些人會憶起轉世為人前，在天界時的記憶，與其說是夢境，倒不如說是在夢境中與元神相應，待清醒後將這些片段帶回人世間。

不論我的所見是假是真，說到底，做為人依舊是從生活中去了悟道法自然[4]之真諦，以達到明心見性的實修境界，達到慈悲、智慧以及心性上的圓滿，回歸本位。

九天母娘[5]曾言明：「能夠在今世持續地實修，不萌起退轉心，私毫不受酒、色、財、氣、名、利等誘惑薰心，能如此持續精進實屬不易，這般修行心已非常人所能達到的，所以，想在今世超越元神所處的次第，又談何容易？」一個人活在世間能夠不受誘惑、克盡本分，已實屬不易了，每個人的元神在靈界皆有自己轉世前所處之地（如無極殿、太極殿等），在今世往生後能夠回歸本位已是不容易之事，又如何敢奢想要進階更高深的果位？這句話也點醒了我：顧好自己的心不受污染與誘惑，善業來臨能夠珍惜，惡業來臨能夠以正念看待，不再產生新的惡果，已經很阿彌陀佛了……

在以親身經歷了解元神與後天靈的關係後，我體悟到世間只是一場夢，來世間走一遭只是為了體驗人生、豐富內在的靈性罷了，執取、追求修行的心只會讓原本清

[4] 出自於《道德經》，是老子為後人留下最珍貴及高深的處理方法。道法自然說明了宇宙間萬事萬物均受著自身所應遵循的律法運行。修行的目的是了解自身的天命及道法，順應天命及天道而為，不以主觀的觀點看待他人與強求自己。

[5] 即九天玄女，因祂在我面前現身時自稱九天母娘，故日後我便以此尊稱祂。

靜的心更加複雜。此外，我也對於金剛經中「一切有為法，如夢幻泡影，如露亦如電，應作如是觀」6有了不同的體悟，因此而徹底放下玄學、靈通相關領域上的種種八卦傳言。

我體會到，個人的腦袋（價值觀）創造屬於自己的宗教，再多他人的經驗談，皆不如個人的領悟珍貴，與其把寶貴的時間花費在不必要的流言八卦上，倒不如多多檢視日常生活中的一言一行，專注於靜心實修，培養一顆平靜、不易受他人左右的修行心，不向外攀緣，向內實修心性才是元神合一、回歸本位的不二法門。

突見地獄眾生苦

靈修是一門心與心溝通的修行法門，沒有任何一位世間老師可以真正地引導我們，也因為如此，才更容易讓人感到困惑與挫敗。經歷過程是真是假，端看當事者以何種心態來面對，藉由經歷反省內心的劣根性。

某次在共修佛堂獨自做著功課，我突然進入到另一度空間。

眼前出現一道暗紅色大門，四周寂靜無聲。一轉眼，我站在一條寬約一尺的小徑，旁邊是寬廣不著邊際的山谷，山谷裏擠滿了上千上萬的人群。我看不到也聽不到谷底眾生的痛苦與哀鳴，卻能透過心識與它們相連，它們的苦、痛、冷、熱我都能感同身受，我的肉體也隨著元神感觸與山谷底下的眾生忽冷忽熱。

6佛教中有名的偈語，點出佛法修習核心所在。世間一切皆蘊藏著生住異滅（成長至毀滅的過程）等無常，如夢幻、如泡影，亦如朝露。擴大到親情、愛情、友情亦是如此，藉此提醒世人，無須執著於一切事物，對於種種不如意亦無須放在心上。

之後一次的靈修，相同的境又再出現，而且感受愈來愈強烈，有好幾次，肉體甚至因為受不了寒冷與酷熱，趴在地上不停地翻滾，與那群地獄眾生一同哀號著。

我曾向堂上仙佛詢問，為何要讓我感受地獄眾生的苦？此時一個聲音告訴我：「你未能真正地由內心升起慈悲，一個無慈悲心之人，又如何能真正地以同理心感受他人的苦？又如何走入靈修核心？」「慈悲不是嘴說濟世渡俗，若缺乏由內真誠散發出來的同理心，一切都是空談罷了。唯有能以一顆寬廣心感受他人的苦，你才能真正體會到何謂慈悲。」我趴在地上，忍受著肉體上的不適，心中卻細細思索那句：「無慈悲心，又如何能以同理心感受他人的苦？」此刻才恍然大悟，多年前在北海觀音向地藏王菩薩參拜會靈時（詳見第三章的「地獄錫杖出，菩薩現身來」），地藏王菩薩所賜給我的錫杖，原來是要提醒我學習祂的精神與大願。當時的一面之緣也是要勾起我對靈修的好奇心——因為我的感覺會直接與祂們的感受連結，所以祂們才會以「感同身受」來助我靈修。

此時此刻我才了解到「助人不等於善心，而行善亦不等於慈悲心」的道理。反思自己，從小便有助人之心，卻不懂何謂同理心，當然亦不了解更深層的慈悲心。

世人尋覓宗教的力量以得到心靈慰藉，大多是因為心中有著無法向外人吐訴的苦，如果我未能學習以心感受他人的苦，又如何能知道該以何種方式教導他們？

鴻鈞老祖曾降下幾句靈修心法：「透過有為（後天）的學習，造就無為的存在，身心靈融合，才能借假來修真。」至於那群身處地獄的眾生，其真假已經不是重點，一切的一切，皆是祂們在靈修路上為我量身訂作的功課，僅存在於我的意識認知罷了。

當我逐漸學會以平靜心觀察靈動中所升起的感知後，更對靈修有了更深一層的體悟。靈修是一門靈魂（元神）之修，行走在其中就像滋養心中的太極陰陽，愈深入，便愈能從中了解本分與運行大道的奧妙之處。鴻鈞老祖曾降文言：「心中無道，無術可用。」一個不了解、不清楚明瞭自己天命（天生所稟賦的本性）的人，學習再多五術命理、方士禁咒、符籙咒祕也不能了解其中奧妙之處。鴻鈞老祖所言與古人「道乃法之體，法乃道之用」正有著不謀而合之處。

7 轉世印記

世上沒有月下老人，就如同沒有孫悟空一般，祂們的出現是幾百年來人們的願力所產生，就好像一顆石頭，綁上紅布、放上香爐，經年累月讓人朝拜，自然就會產生靈性。

東方世界眾多修行法門，只要與「鬼神」修行沾上一點點邊，自然而然就會與因果、祖先靈、業力牽扯不清。走在靈修路上，更是容易聽到這些論點。

當我初啟靈還是小咖時，在網路上或道場、宮壇中也遇過不少人直指我的啟靈狀態並不是元神甦醒，而是千年蜈蚣精附身或修羅轉世，除此之外，也常被人說我身上有一隻女鬼——臺中某間媽祖廟以及臺北慈惠堂內的五府天君，皆表示我身上有一隻女鬼。

然而，這麼多年過去了，這說法卻未曾困擾過我，太多人說過我身上有鬼與有神，聽多也就麻痺了，直到後期接連幾人不約而同再談起此事，我才開始意識到這件事對我的重要性。

他們都說我身上跟著一位女鬼

一日去拜訪一位友人，他閒暇之餘對道教術法有深入研究，平時亦有為人辦事處理問題；他表示自己從小就有靈媒體質，能看得到另一度空間的存在。我離開之後，他向另一位友人詢問我家中是否有姊妹，或家族中是否有人倒房？他告訴友人，那日與我擦身而過時，在我身上看到一位女性靈體，我聽了只是笑笑，未予回應。

隔不久，友人告訴我，她平日所跟的女堂主能力不錯，平時是以通靈方式為人辦事，在固定時間內才會祈請瑤池金母降駕辦事，不收受昂貴問事費用，一切隨緣，問我是否想去看看。我前去與她見了面，進一步詢問與我有緣的仙佛是哪一尊，她篤定地回答我：「你很理性，所以不會有佛緣。」堂主現場又看了看我的手相，說我的左右手皆有一個三角型掌紋[1]，為玄天上帝手上七星寶劍的代表信物，有空可以到臺南某間主神是玄天上帝的寺廟參拜。我和友人互看了一眼，友人告訴她關於我的體質之事，她闔眼沒多久突然張開眼表示，她在我身上看到一圈又一圈的金光，是要有修行根基且與仙佛有緣的人才會出現。

我一聽，笑著問她：「怎麼會前後矛盾呢？」她才解釋說，一開始是仙佛不讓她看見我身上的金光；接著又表示我身上還有一位留著長髮、頗有古典美的女性外靈，然而是鬼是神她不知情。

從初啟靈開始，就有不少宮壇的神明乩身說我身上有女性靈體，亦有不少人說

[1] 在傳統的手相學中，三角掌紋代表令旗，此生與道、佛有緣分。

曾在我身上看到地藏王菩薩、釋迦牟尼佛、密宗金身紅光喇嘛等，但這一路走來並沒有感覺到身體上的不舒服，日子過得倒也平順，就算它真的是鬼，可能也對我沒什麼傷害。在這方面，我真的是神經頗大條！

宮壇神明竟認不出菩薩界高靈!?

我自認不是一個很認真的靈修者，尤其是近十年來經歷過這麼多事情，已經練就「無事便是福」的處事態度，省一事是一事。靈乩[2]要向神明詢問事情時，需要動用到很強的專注力才能與仙佛接軌，尤其是詢問跳越時空之事，如因果、未來等，所需耗費的精神力更是外人無法想像的，因此在生活上，只要能以人力處理的問題，我就盡量不向仙佛詢問。一直到那位友人及女堂主再度提及此事，我才警覺自己對發生於自身的事情竟如此漠然。我想起到新竹五指山會靈時，堂上仙佛送我的偈文：

天地陰陽開，太極轉陰陽；伏羲觀天地，看透人世間。
心中知天地，須先了陰陽；天道人世間，何須向外求。
笑看人世間，思透古聖賢；豈知古人賢，唯悟了自先。

我對人世間一切的靈學、心理及宗教充滿好奇，卻對自己身上的事情一點興趣

[2] 泛指以靈修法為修行方式而成為神媒之人。

也沒有，似乎有些本末倒置了！於是我向無極老母詢問女靈一事，透過祂的講解，我才對靈界的奧妙有了更深的了解。

「此女靈來自於菩薩界的一位高靈（可稱之為守護靈），因與你有一段因緣，從出世以來便一直伴隨於身側，守護著你。小時候天性頑皮，家人管不動，命格又注定常會有危及生命的事件發生，多次的溺水事件僅是一小劫。讀小學時尚經歷過車禍，被急速的摩托車拖行百來尺，剎車後又被拋出去，能夠保住小命也全是因為祂的緣故。在與鬼同住多年的舊家，之所以能夠全家平安無事，也是因為有祂保護的緣故。」

那為何宮壇神明竟認不出祂是菩薩界的高靈？

無極老母道：「靈格層級不同。」會在宮壇辦事的神祇靈格並不高，無極老母進一步解釋：「在人世間宮壇辦事的靈，都是待修鍊的靈。」雖然祂們自稱是仙佛，其實多尚屬於修鍊階段的靈；換言之，祂們也是藉由為人民服務來提升本身的福報。而已經跳脫輪迴、高層次的仙佛，並不會降駕宮壇處理人世間的事情，除非是修行非常深厚的乩身，才有機會接受到靈格較高的神祇靈識。

有些修行人所修的並非一般人拜的神，而是以元神和無極界仙佛交流，因此他們知曉的事情往往不輸給降在身上的神明。這也是為什麼元神甦醒（啟靈）者去宮壇問事時，乩身往往無法明確地看出其元神的原貌，甚至會將之指為鬼妖。在宮壇辦事而自稱神明者，大多只是尚須修行的靈，又如何能看透比自己更深的境界？

然而，通靈人可以直觀鬼神，應該落差不是很大，為何連通靈人也看不出來？無極老母解釋道：「太多人相信眼見為憑，習慣以眼見來評斷一切，忽略了以心深入觀察眼前所見，鬼能幻化為神，而人不熟悉的神也有可能被誤解成鬼。」

沒有人規定神明一定要長得好看吧？也沒有人規定鬼一定要披頭散髮，但人們往往會因為眼前所見並非印象中仙佛的樣貌，便以偏概全地認為祂們是魑魅魍魎一類。假使在修行上喜好華麗、虛榮的表象（求神通、四處拜神問卜、求開天眼等），在生活中常常不經大腦思考、以訛傳訛、迷信他人之言，這樣的修行觀便不可能培養出定力及寧靜心，就算有朝一日能靈通，在缺乏正信心的情況下，又如何能明察眼前所見？無極老母告知，不論他人如何繪聲繪影，描述身上的是神是鬼，或身上又有何仙佛護法，都應靜下心來感受它，鬼與神的外貌或許令世人摸不著頭緒，但唯獨一樣騙不了人——氣場。

仙佛與鬼魅的味道和氣場截然不同，覺知全來自於自身。是神，不論外貌如何猙獰，帶給人的是舒適、溫暖的感覺；若是低等靈（鬼魅），就算現身時金光閃閃，散發出來的氣場也令人感到不舒服。這層功夫必須從生活中一點一滴的培養起，我們是否很容易聽信名人、作家、大師所言，因為他們頭頭是道的長篇大論，進而相信他們的人格及道行？就算初期有一絲絲的懷疑，有時還是難敵眾人（暢銷度、點閱率、人氣等）一致認同的看法。要能在這個資訊爆炸的年代保持平靜心與思辨力，實屬不易啊！

與九龍太子的因緣

自從知道菩薩與我的因緣後，我開始想去了解每一位與自己有因緣的仙佛。一次在靈動訓體結束後，我首次看見九龍太子的金身，樣貌雖不甚清楚，但從瘦高的身材判斷，應是二十五歲左右、高大的青壯年（僅能依稀看到形體），祂身上盤旋著八隻巨大的龍，右腳兩隻、左腳、腰際、胸膛、左右手、脖子各一隻，然而，數一數僅有八隻。

我詢問九龍太子，既然稱為九龍，怎麼身上只有八隻龍盤旋？九龍太子笑笑地指了指自己：「第九隻龍就是我自己。」祂身後背著一把以龍為主體的巨型寶劍，劍身布滿密密麻麻的金綠色龍麟，散發著我在世間未曾見過的紫金色光芒。整支寶劍長約一百二十至一百五十公分左右，劍柄是龍頸，劍鐔[3]是龍頭，龍身是劍刃與劍脊，龍尾則是劍尖，整隻龍劍沒有護手，九龍太子告知此劍名為九龍劍。

我詢問九龍太子我與祂之間的因緣，原本抱持隨緣的態度，並不強求一定要得到答案。想不到祂一五一十地告訴我，我才大略了解自己轉世的原因，以及與九龍太子之間的因緣。與九龍太子對談時，意識彷彿被帶回事發當時的場景，明明白白地感受到那一刻的情境。

在盤古開天之際，我原本僅是虛空中的一團靈識，因緣之下被主神點化，聚集幻化成一條龍形。某日盤旋於無極殿大殿前的龍柱上，巧遇無極殿護法九龍太子前

[3] 指劍柄與劍身的連接處，有著外凸的部分。

來，我向九龍太子詢問：「為什麼你有八龍在身？有朝一日我是否能與你相同，具有八龍盤身？」

祂笑而不答。

我見祂身揹九龍劍，竟開口詢問：「你是否能教授我劍法？」

「他日有緣再言。」

九龍太子表示，當時雖僅一面之緣，卻也因這一面而有了今世因緣；今世我特別喜好刀劍棍槍，全因前世注定好。聽到這裏，我頓時有一個深刻的體悟，僅僅是緣分兩個字，便能在今世承蒙祂教導；反觀現實生活中，我們是否能珍惜每日與我們有一面之緣的每個人？聽見九龍太子說我曾在過去世詢問祂「有朝一日是否能具有八龍盤身？」時，我心中會心一笑，堂堂九龍之首、無極殿的護法太子，身為晚輩的我，竟大言不慚地這樣問祂，或許只是無心之言，卻完全不懂對前賢尊師重道。反觀今世年少時的我，確實與未轉世前有著相似的心性。

九天母娘有恩於我

同樣是在一次靈動訓體後，我向堂上九天母娘詢問關於我與祂之間的因緣，祂告知：「在未轉世前，你犯下了一個不可饒恕的過錯，此罪雖未及斬首，卻屬於重罪，是當時的一位母娘出面代你說項。」

「雖然你有錯在先，但本性善良，尚有一顆赤子之心，故饒你一回，轉入人間，磨去傲慢自大之天性（龍之天性為孤傲、自我、不合群）。」一出言力保我免於受罰的五母便是九天母娘，而祂口中所言之過錯，純因天性傲慢驕貴，目無尊長，對前賢長輩出言不遜所致；此在民間僅是小過，但因心性難以調教、一錯再錯，在倫理、道德分明的天庭卻是難以寬容。在與九天母娘對談的過程中，再度出現與九龍太子對話時相同的情境，一股強大的能量將我的意識瞬間拉回幾千年前。我不是聽見、看見受罰情境，而是身歷其境地處在當下。

九天母娘淡淡地一句「饒你一回轉入人間，磨去傲慢自大之天性」，在此時重擊我心，心中一陣酸苦油然而生，自問自己內心確實隱藏著傲慢。

小時候對家中或較為熟稔的長輩，常在不經易中流露沒大沒小的態度，多年下來，多少因為社會磨練與宗教信仰有了些許改變，但對不合理之事內心依舊會產生不平的心。雖然外表給人平易近人的感覺，但我心中依然潛藏著驕貴的心，散發出來的傲慢氣場常令與我不熟悉的人無法親近。經過數千回的轉世輪迴，歷經了數不清的身分扮演，最終仍然無法扭轉待調教的劣根性。

外人所見的一切皆是假象，唯有自己最了解自己的心性為何，時時觀照自己的內心，勿因他人的推崇與景仰升起絲毫的我慢心。如今，踏入靈修多年，我依舊不斷調整自己的心性，每當一不留神升起貢高、輕視之心，或是遇到不順遂而心中想要抱怨時，便會回頭思考九天母娘當日的一席話。

只想「知道」卻不肯努力苦心實修，是人類修行的盲點，此時我才真正了解：主神、靈脈、轉世因緣須腳踏實地、一步一腳地自修自悟，有朝一日因緣成熟時，所獲悉的內容才能完全不生動搖心與質疑；也唯有如此，才能對本身所修習的道途產生更強大的信仰力與虔誠心。

靈修最核心的價值在於感同身受，我們常將轉世原因、靈脈出處、主神等疑問完完全全地依賴在老師、乩童身上，但不論研讀再多文字、聆聽再多大師講經說法，依舊無法與「深刻感受」相比擬。《學記》中有句話：「道而弗牽，強而弗抑，開而弗達。」[4] 許多事情不能一直依賴老師與前人，靈修要懂得自尋問題——不要墨守成規、思考問題——跳脫既定答案去思考、解決問題——要相信自己。參研「道」要靠實際體悟，這個功夫只能靠自己一步一腳印去印證，沒有別人能夠替代。

禪宗有一句話和靈修不謀而合：「菩提之道是以心傳心，經書只是喚起自悟的方便法門，無論如何高明的禪師，也無法將自己的悟性塞入對方心中，只能像接生婆一樣，適當的時機，助孕婦去生她自己的孩子。」對於文字與語言上的理解，我們最多只是「懂」，然而懂僅是入門磚，容易隨時間流逝而淡忘，但是在心中留下深刻的印記，則是一輩子難忘。

「教外別傳，不立文字，直指人心，見性成佛。」靈修真正的精髓是心傳心的體悟，只是大部分的人專注於喧鬧或看得見的表象修行，而忽略了「悟道須在寧靜中，才能真正由心昇華起」。

[4] 道而弗牽：引領學生思考，而非牽著學生墨守成規，老師不可能一輩子替學生解答問題，最終要讓學生學習獨立思考。強而弗抑：視學生本質給予適當的指導，甚至高於他本質的要求，但不能使學生感到灰心。開而弗達：指出思考問題的路徑，非給予現成的答案；讓學生發現更創新的答案，啟發學生思考能力。

元神習性造就我的天性

元神靈識的形成，一般人難以窺探其中奧妙，我曾經向九龍太子詢問我元神當初形成的因緣，又為何會成為龍？九龍太子僅以四個字簡單帶過：「因緣成熟。」

我也曾詢問無極老母，為何大部分的人元神靈識都以古代聖獸居多，如鳥、鳳、凰、龍、鶴、魚等？

無極老母僅反問我：「地球上未有人類之前，先有什麼？」

「一群古生物。」

「靈界與人界有著密不可分的關係。」祂接著說。

無極老母的回答似乎點明了靈界更深一層的奧祕——人世間與靈界、神祇有非常密切的關係。

我回想起多年前，曾經詢問過祂們關於月下老人之事。

祂們告訴我：「世上沒有月下老人，就如同沒有孫悟空一般，祂們的出現是

宇色OS小提醒

「靈修法門」確實有改變命運的特殊能力，真正進入靈修法門的人會在修行路上不斷地看見自己內心，較容易察覺自己心是否偏頗，而能適時地將心拉回正道。靈修亦是一種元神（本命）之修，在不斷修持當中增強元神能量，以後天靈的努力扭轉先天的不足，藉此改變現況及未來。是以坊間的命理工具，如八字、紫微等，很難斷定修行超過十年的靈修人的未來。要做到如此程度，必須有大智慧、執行力及相當的福報，並不是踏入靈修即可達到的。即便如此，**注定的業力與劫依舊躲不了**，只是當惡業現前時，實修的人早已培養出成熟心平靜地看待一切。

在此並非要大家低頭認命，或鼓勵人人走靈修，而是要懂得**如何在紅塵中「不與人比較」並「知天命」**。孔子曾言：「知天命、畏天命、順天命。」清楚了解自己的本分並依照本分行事，認識「命由天作」的定律和「福自己求」的努力之道。安分守己、順道（天命）而行並不是消極的人生態度，懂得本身命格之人，自然不會過分強求、執著於超出本分的事物。這不僅是做人的基本態度，也是靈修者應該要懂的修行之道。

幾百年來人們的願力所產生，就好像一顆石頭、一棵樹木一樣，綁上紅布、放上香爐，經年累月讓人朝拜，自然就會產生靈性——全都是因為人們心中的願力所產生。

再說回來，廚房有灶神、門有門神、求子有註生娘娘、求財有財神，偏偏在早古之前沒有掌管婚姻之神，然而幾千年來善男信女誠心的祝禱，因『願』產生了一位掌管世間男女的月下老人，此說並非意指拜月下老人就沒有感應，只要誠心地祈求神明，婚姻之事也能有感應。」

神明的出現真的是由人們的意念所產生，就像神木與石頭公是由人們虔誠膜拜而生，是一樣的道理。

關於我由龍轉世一事，無極老母曾向我言明，元神為真龍轉世之人，在人世間寥寥可數，一般元神稱為龍者僅能算是假龍，我也是一隻假龍。

真龍與假龍的差別在於「真龍是一脈傳承」；真正的天龍轉世是一脈傳承一脈，遠從不可計算的億萬年前便已經顯化成龍型，再如同古代皇族血脈一樣代代傳承；而假龍則是在種種因緣之下，透過有緣仙佛點化成形，兩者最大的差別是轉世後的命格與人生格局。

無極老母以圖象——天際的雲彩間出現了一隻龍——示現，教導我明白此道理。祂言：「龍與其他神獸最大的差異處，來自於龍具有獨居習性。」就算不是真龍，而是幻化而成的龍，亦具有龍形與龍性；兩者皆具有驕貴、孤傲等天性，故元神為龍之人，不論出身高低或家族貴賤，在天生的心性上都潛藏著龍之貴氣。

元神格局、能量、轉世原因，與今世的人生格局有著密不可分的關係。在人世間，本身命格特殊之人，在宗教、政治或各行各業，必是引領一方之霸主，絕非泛泛之輩。古代帝王多是天龍銜天命轉世，時空背景換成現代，真龍真鳳轉世，必身負有益於大眾之天職，身背天職之人不論所處職場為何，其才智、勇略、度量都異於常人、超群出眾。

我只是一名凡夫俗子，怎麼看也不可能是真龍轉世之人。傳聞在華人世界中，真龍真鳳轉世者不到五位，而**了解本身是何轉世，對修行最大的助益是認清自己的缺點與本分**，不論是何轉世，不論元神靈格有多高，最終還是帶有學習或補償之功課來到人世間。

元神天性與轉世

當我逐漸了解元神與人的關係之後，思考人性層面也從「前世」轉至「元神與轉世原因」，我發現到：人的心性有時候就算經過幾百世的輪迴，依舊改變不了。誠如阿姜・查舉的例子：「就像口袋裏放了一個發臭的東西，你從那裏走到這裏，

宇色OS小提醒

命格好，就可以不努力等著成功自己到來嗎？這句話充分點出人生矛盾與無奈。正向積極的人，永遠不會向命運低頭，待拚出了一片屬於自己的天空，到底是命格如此呢，或是因個人努力而扭轉了未來？**這真的很難去憑斷**。如果一個人不努力向上，似乎也無從了解自己此生到底能創造多大的人生格局，人們很難時時觀照自己的內心、了解自己的命格；另一方面，因為不滿足，才能鞭策我們不斷向前。一個擁有大格局的人內省力會特別的高，這是一種天性使然，有這種天性的人，也很難叫他乖乖坐在家中等大事業的降臨。

一樣會發臭。」心性創造了環境中的人事物，如果心性不改，去探究前世、前前世甚至前一百世，依舊是一點意義也沒有——每一世只是因心性而產生不同的場景與角色罷了。

自從了解自己的轉世因緣後，我開始轉而研究人們的轉世原因與元神，藉此來了解「心性在轉世」議題上對於一個人在今世的影響[5]。

傲慢的元神害苦了今世的他!?

我有一個男學員，在尚未轉世前曾在天庭拿了不屬於自己的東西而不承認，也曾因為執著於主觀想法而與他人產生肢體衝突；再加上心性傲慢及主觀性太強，很難坦誠自己的錯。基於以上種種原因，在今世他揹負著「愈執取愈得不到」的宿命。他空有高學歷和能力，卻很難扭轉職場與運途的乖舛，沉重的家庭壓力也常壓得他喘不過氣，不管多麼努力總是無法改善現實問題。

我告訴他今世不如意，除了承襲了祖先業力之外，最大的主因來自於元神轉世時的心性，要以環境磨練心性的圓滿。我送他一席話：「不要去想業力之說、鬼神之論，一切從生活中做起，既然轉世當人就要有人的擔當，每天想鬼神之事無助於成長。從生活中立定一個目標，努力去完成它，而不是用許多藉口與理由說服自己『做不到』。一個男人在事業上、生活上充斥著藉口與理由，一輩子很難能有成就。」

[5] 真正對靈修有深入了解與實修的人，平日不會將前世、轉世掛在嘴上，他們了解每一世皆只是前一世的延續，而今世種種又與未轉世前的心性有很大的關係。今世的心性都有須要調整之處了，前世又怎麼可能沒有問題呢？

過度嚴格的殿堂護法

另外一位男個案，常常莫名地感覺到額頭印堂處有一股能量在打轉，那股能量常在緊要關頭提醒他有要事即將發生，他對此感到不解與困惑。後來我向九天母娘詢問此事，祂表示此人曾於天庭任職某殿護法，負責把守殿堂安全，以及確認每一位出入此殿的天神身分——很像現代的守衛，然而他負責的並非一般的殿堂，故元神靈格並不算低。而額頭處有打轉的能量，其實是因為他的元神原貌有著類似二郎神楊戩的第三隻眼[6]。

在天庭的時候，祂非常盡忠職守，但因過度地嚴以待人而失去了中庸及寬容，雖然沒有犯下大錯，但是其嚴苛精神凌駕了應有的尊重，甚至因為嚴守職責而忽略了敬老尊賢的基本道理，長久之下已經逐漸產生了自負之心。祂有錯嗎？以古人智慧之道：「道法自然，道為萬物之根本，折中調和才是處世態度。」但身在天界，心性本來就無極端的好與壞，愛護公正的天性使得祂不吝伸手照顧弱小，幫助更多值得幫助的人。

他的元神處事態度及精神過於突出，在今世和累世皆足以影響他的人生及職場格局。因此，他今世工作與法律、公正、公義、精準皆有著密不可分的關係。他告訴我，他是臺大法律系畢業，目前為SOHO股市玩家。

九天母娘告訴我，他累世以來雖不斷地轉換身分，經歷了人生種種學習課程，多年轉世依舊不脫四項學習核心，藉此磨練轉世的劣根性，達到圓滿的心性：

[6] 有第三隻眼的元神或仙佛，在心性及精神上有具耿直、公正、正義的天性，除了《封神榜》中的楊戩之外，尚有九天應元雷神普化天尊——聞仲、瘟皇昊天大帝——呂岳、《南遊記》裏頭的如來佛弟子至妙吉祥化身——華光天王、雷部二十四天君之一的王靈官等。

①人情世故：勉強他學習融入紅塵俗世中，培養處在紅塵中卻能明徹的心性。
②悲天憫人：站在同理心來關懷他人的處境。
③無私付出：不在乎他人是否回饋。
④尊師重道：尊敬身邊每一個願意分享、直指內心的人，並遵循道德規範。

在今世，他在心性上已經有了相當大的提升，但依舊過度理性，會有六親不認的現象，他今世與家人的緣分較薄弱，或許也是他的人生宿命。另一方面，他有著令人羨慕的命格——一生衣食無虞。這是因為愛護公正的天性讓他幫助了許多的人、廣施善心，種下了累世的福報。

因好鬥而轉世

一位朋友轉世的原因是因為好鬥——喜歡跟別人比較，輸了也要拼到贏，贏了還不懂得放手，講難聽點就是得理不饒人。

他在未轉世時與佛教仙佛有很大的因緣，我告訴他：「你外表看起來很nice、有禮懂分寸，但內心裏卻是孤傲與看不起不懂上進的人，你認為只要努力就能創造一切，所以非常不喜歡與社會邊緣人同流合污，內心一直在與別人競爭，很努力要創造自己的世界。但是，事與願違，你如此的努力仍舊要跟命運屈服，你開始懂得尊重別人，也開始了解人世間有很多事情不是努力就有結果。」

來自菩薩界的熟女

有個女生是菩薩界花叢中的一朵花轉世而來，今世有個愛她的丈夫及不錯的婚姻，亦擁有令人稱羨的學經歷，不論是在求學、宗教上都能遇到貴人。在一般人眼中，她應該是幸福美滿的吧，但她並不快樂，因為她在職場上找不到能夠同心的異性朋友，職場上遇到的男性都只看上她的外表。她告訴我，她很想在紅塵中有一番作為，但總有些男性心懷非分之想，既然如此，她不如放棄紅塵去過閒雲野鶴般的生活。我告訴她：「不可能，就算妳表面上甘於平凡，心中也是不甘平凡的。」

她不好意思地笑了出來，問我怎會講中她的心事。我告訴她，她的元神轉世來自於菩薩界，菩薩界的人都有一個特質——心繫紅塵事，不管世人如何對不起祂，回家哭一哭還是會繼續管紅塵事，這就是靈脈來自於菩薩界的最大特徵。

至於為何已是熟女仍有一群男性友人覬覦她，我告訴她：「這是『命』，改不了的，妳人生最大的功課便是突破孤芳自賞的心態，妳想要成功，最大的心結就是平常心看待他人對妳的觀點，但偏偏妳就是受不了男人像一群蝴蝶在身邊飛不停，除非妳願意改變這點，不然此命格將永遠陪著妳。」因此，她在職場上遇到的狀況，便是與她的元神特質有很大的關係。

從神獸到邊關小守將，今世欲報恩

另一個人是由神獸所化，此獸孤傲不合群，在九天母娘勸誘之下才離開獨居之處，卻因天性不懂合群與尊師重道，因而降至世間，在唐朝時轉世成為邊關小守將。帶兵之人須懂得帶軍心，並非擁有一身好本領就能打天下，然而他性格孤傲，常不在乎底下士兵的心情，在一次遭士兵誣陷下，被判處死刑；在唐朝時我任職某機要官職，雖與他不熟悉，卻在審判文書中了解到他是因年輕氣盛而遭人誣陷。

力保他脫離牢獄之災後，我倆一直到終老都無緣再見。在今世，我跟他見面不到幾次，曾對他說：「我如果請你幫我的忙，只要時間允許，你一定會幫我到底。」他確實一直想跟我作朋友，也很願意幫我的忙，但不解我怎麼會知道他的想法。我又說了：「你今世在職場上很難受上級青睞，喜歡你的人就是喜歡，不喜歡你的人，不管你做什麼就是看你不順眼，最好創業當SOHO族，才能圓你的夢想，專職於公司很難有大發展。你不遵守長幼有序的道理，也不喜歡有人拿官階、年紀壓你，要馴服你的人必須先懂得捉住你的心。」

從公主變成乞丐，情何以堪

有一位女個案靈格很高，與一尊人世間甚少膜拜的仙佛有密不可分的因緣，轉世原因是因為心性難以調教而下凡修心，她的主神無奈地表示：「既然我們無法教妳，妳就下凡去好好磨一磨。」這一磨，把她的自尊完全踐踏在地，十分難堪。我說出她主神的名號時，她拚命地點頭，原來她早就知道了，她哭泣道：「我想回去了，我不想在人世間受苦了！」

我不清楚她受了多少苦，但我相信今世一定將她磨得很辛苦。我告訴她：「就我看來，主神是這位神尊的靈修人，在今世一定有相當的靈敏度，妳一定也可以感應到氣場與鬼神。」她一直點頭，於是我對她說：「無須貢高，主神靈格再高又如何？妳今世被磨成這樣子，元神是什麼、主神地位多崇高等等都沒有幫助，只是徒增妳的壓力，根本無法解決今世的問題。」

我又問她今世是否會罵神明，她笑說：「我非常尊重神明。」

「不可能，」我反駁她，「妳當初就是不受教，開口罵了看不慣的同修與層級較高的神明，才會來到人世間，今世只要有看不慣之事，一定也會開口大罵，就算是神明妳也會照罵不誤。」

她笑笑地說：「我年輕時的外號就叫做小辣椒，再說，我是罵在心中，又沒有罵出口。」

當她看不慣一些宮壇的辦事方法時，甚至會連堂上的神明也一起罵進去。轉世原因如果與心性有關，在今世應該也不會改變太多。如果心性都改變好了，早就回去了，怎會還在人世間輪迴呢？

我進一步告訴她：「我不知妳今世是如何被磨心性，但是以妳目無尊長的心性可以猜測，今世妳的腰竿子應該被磨到非常躬身，再加上妳未轉世前是如此貴氣……」我向她比喻，昨天還是一位美麗的公主，穿著華麗高貴的衣服，隔天搖身一變，成了穿著破爛、當街乞討的乞丐，有何尊嚴可言？

我一說完她馬上淚流不止，反問我：「我前世真的是清朝格格，對吧？」顯然她對自己的前世多少有一點直覺，我回答她：「探知過去世，對今世的幫助並不大，這是不想面對今世苦的一種態度，妳如果對靈修有興趣，應該靠自修了悟，而不是只想著要問別人。」最後我提醒她：「妳走靈修十多年，還不懂自己的靈語在講什麼，別人說妳靈格高，連其他神尊都要向妳低頭，那又如何？十多年來妳始終不清楚自己轉世的缺點。不用貢高，今世就算再有靈通，哪一個人不是因為犯錯才來到人世間磨心？妳今世也是走到想去自盡、不想再有明天的地步，靈格再高又有何幫助？妳連自己的明天在哪都不知道。」

因主神是女神而氣場陰柔

另一個案是一位高學歷的男生，那時一群人到南投鳳凰母娘廟拜拜，事後有人問我：他是不是卡到陰，否則為何男生的氣場會如此陰柔？我告訴他：「他的主神是一位女性仙佛，陰性氣場自然會比較強烈。」

他轉世來到人世間有三個任務，一則是從事宗教性的工作，不管他跑多遠，總是心繫宗教之事；二則是創業，九天母娘言明他在二十八歲後就會有創業的念頭，若今世未創業，會一直覺得心中有未盡之事，最好將創業結合宗教，才能了他今世的功課；最後一個任務則與我有著密切的關係。對於第一項，他心裏盤算，如果今生無法從事宗教性的工作，就算開一間販賣金紙的店也算是了心願；第二項，當年確實有創業念頭，後來因為種種因素無法了願；最後一項，他希望有一點能力能幫助我在宗教上的志業。然而我目前暫無想從事宗教事業的念頭，為避免與人產生不必要的分爭，所以短期內不想要有人協助我。我勸他努力做好人的本分比較重要，從事宗教工作必須退居第二，不能站在第一線，他的轉世任務是默默推崇佛法與宗教，並非站出來辦事或站在臺面上。

轉世為何不重要，看清今世最為重

看了許多人轉世的原因，發現人在轉世之後還是脫不了原本的心性，現在的我只要知道一個人轉世的原因，往往就可以由心性去推測他今世會遭遇到什麼問題——只要心性不改，每一世的人生課題都會換湯不換藥。

這麼多年下來，我看透轉世原因與今世的緊密關係後，有了一個很深的感觸：一切都是命，半點不由人，怨天怨地，不如怨自己不願意改變的心。人世間本來就有許多無奈之處，但是若換一個角度去想：這些無奈與瓶頸，不就是為了要磨我們的心性而來？

宇色OS小提醒

不滿足於現況是人們的天性，改風水、換姓名、擺設開運祈福之物，甚至養小鬼，或許可以改變一時的低潮及運途，但時間一久，還是會再回歸到最原始的命格。**術法應是幫助人們在低潮時有喘息的時間，讓我們對未來燃起一絲希望，卻不該全然依賴它們**。我看過許多跑宮廟走靈修的人，將生活重心完完全全地依賴於壇主、神明身上，只要遇到一絲絲不順逐，便不斷地向祂們祈求度過難關，完全忽略了術法是用來解決燃眉之急，而非增加我們的執取心。

創造人生新的格局，在於扭轉心念及不斷地調整觀念，適時地尋求宗教力量平衡生活上的不如意，才是修行人應有的態度。靈修就像是一門學習如何**去蕪存菁**的心法，在修行過程中不斷地看見內心陰影，透過後天靈有為的實修，根除那隱藏於內心的劣根性，而非四處求神問卜、拜神求神。

為什麼別人不曾遇到的事情，我們偏偏就會遇到？為什麼對別人而言不是困擾之事，對我們來說卻令人寢食難安？為什麼別人的感情如此順遂，而我們談起戀愛卻總是坎坎坷坷，波折不斷？人生本來就不公平，不公平的原因是因為人生劇本的編劇是我們自己，既不是上帝也不是高靈。不論人生現階段是好是壞，最終的起因都從我們的業力而來。

或許是因為如此，每當聽到有人提到老師說他們是某仙佛轉世或帶天命，我都會告訴對方：「難道他沒有說你是因為什麼缺點才會來到人世間嗎？你如果這麼優，又何必來人世間磨難？先管好自己的心，再來談天命還來得及！」

曾經遇到一位高中生，表示很多老師都說他帶天命，想收他為徒，他在我面前講話時雙手交叉在胸前，態度很不尊重，我告訴他：「這麼小就被一群人貼上標籤，是一件很可悲的事情，標籤貼得愈多，只是讓你愈看不清自己而已。如果連人與人之間最基本的尊重都不懂，談天命只是天方夜譚……」

一個有品德的老師要懂得分寸，他年紀這麼小，連對未來都感到茫然，將天命兩字送到他面前，只會擾亂他的心，對於修行一點幫助也沒有。

我的元神是一隻龍所轉世，也看過許多人的元神是護法、仙佛旁的女侍或負責掌管天界聲樂、舞蹈的天將等。他們的元神靈格並不低，但今世的他們生活有比其他人順遂或安逸嗎？沒有！他們和我們一樣，每日為柴米油鹽醬醋茶在努力打拼。今天我走靈修了知自己轉世之因，亦可以了解他人轉世原因，就會比較happy嗎？沒有。

有一次，我趕著出門，發現外套上一顆鈕扣快掉了，我趕緊拿起針線縫衣服，心中不禁感嘆，能知道他人的前世又如何？可以和仙佛對談又如何？連鈕扣掉了這點小事，還不是要親自拿起針線來縫。

就像電影《陣頭》的男主角阿泰講的一句話：「你以為你是神喔？脫掉衣服你還不是一個流氓！」是啊，我們不是神！脫掉宗教的外衣，還不就只是個每天努力掙一口飯吃的平凡人而已。

有一位擔任高階主管的朋友告訴我，她與一位家境頗富有的臺商朋友，家中都剛好有一位腦力發育較為弱勢的小朋友（唐氏症和腦部發育遲緩等），但他們不會因為外在的身分地位，或怕丟臉而以負面角度來看待家中的小朋友。相反的，他們都非

宇色OS小提醒

世間處處充滿無奈與不平，有人含著金湯匙出世，也有人是在不被祝福的情況下出生；有人從小對人生懵懂無知，有人從小就清楚自己的人生目標……說穿了，一個人的先天命格已經注定好了格局，只等我們去努力與發掘。

臺灣知名的漫畫家蔡志忠，十五歲時便拿著作品獨自從彰化上臺北，向各大報社自我推薦，從此開啟了近五十年的畫家生涯。蔡志忠言：「人才，很早就踩在人生的道途上，並開始向前行。人生沒有實習階段，你一生下來，就是人生的一部分，每一天每一分每一秒皆是如此。」蔡志忠認為，改變未來的第一步是先改變觀念，思考我們要做什麼。

蔡志忠一路走來，都很清楚自己在人生藍圖上的定位：「你會成為很厲害的人，不是你很努力，而是你很清楚自己要做什麼。先知道你是魚還是鳥，你才知道哪裏是天堂還是地獄，如果魚在天空游，鳥在水裏飛，那兩個都死了。」

想一想，現在的你是否很清楚自己的人生志向，或者依然過著隨波逐流，如浮萍般的生活？

若說人的一生注定與元神、心性及轉世原因有密不可分的關係，似乎令人感到無可奈何的宿命論，然而，每個人都有屬於自己的人生格局，無須去批評比較，不論人生好與壞，以一顆大無畏的心勇於承擔發生在眼前的事，雖然命格已注定，重要的是**體驗努力的過程**，而不是最終的結果為何。

常關愛這位家庭成員，她那位臺商朋友甚至非常感謝上天賜給他這樣一個孩子，因為有他，讓他與老婆之間的感情更融洽了。

我告訴友人，當我們轉世前承諾以逆境來修行心性的同時，慈悲的上天也會賜給我們另一面順境的人、事、物，只是習慣負面思考的人常忽略了上天的這份禮物，而選擇以負面角度看待生命中的每一件事。我相信那些為社會創造了極大貢獻的人，本身的元神、命格或許都高人一等，然而，他們所經歷的人生歷練，所背負的社會、家庭、企業責任，也一定更甚於一般人，才能磨練出他們現今傲人的成就。

想一想，我們是否也具有相當的精力、智慧與毅力，來面對人生種種沉重的壓力？以外人的眼光看來，他們是一群社經地位很高的人，但私底下的他們，與我們一樣，都有親情、友情、愛情的牽絆。他們是如此，我也是如此，沒有比較高尚與不一樣。實修是什麼？懂得從平凡中欣賞到不平凡的真諦，才是真正的修行。

8

陰陽神祇，和你想的不一樣

如果真有陰間審案，我倒是很想一觀。我再往前一步，相同的聲音再次出現：「前面跪著兩個人，不能再往前打擾審案。」一連三次的警告，就算我再鐵齒，這下也不敢再冒犯了。

人的世界有多大？或許只有地球這麼大。「宇宙」又有多大？或許以人的知識很難去臆測。愛因斯坦說：「我並不假裝理解宇宙——它比我大多了。」我們連所生存的地球和海洋都不太了解，更遑論宇宙和靈界了。鬼神就知道靈界的全貌嗎？或許祂們只知道自己所處的層級罷了。我相信，它（祂）們也和我們一樣，以瞎子摸象的方式來看待所處的環境。人再厲害，能不受食與色的牽制，做心的主人，已經是非常不容易的實修了，再厲害的通靈人、靈修人，充其量只是比一般人多了些不同的人生歷程，就算是厲害的通靈人，也無法在一刻之間了知靈界全貌或因果全貌。

走靈修愈久，才真正的體會到靈修的奧妙。一般人都以為接觸靈修後能通靈，全世界便能掌握在手上，這真的是痴人說夢！乩童的能力來自於被外靈（元神之外的靈）附身，憑藉外靈的能力來解決人世間的一切，而一位乩童處理事情的能力，則取決於依附在身上的外靈層級高低。以靈修法門辦事者，必須靠一點一滴的實修以及體悟，才能獲悉一絲絲靈界的奧妙，並得到不同程度的辦事能力，而並非如外界所想，只要接了旨、通了靈或是與祂們對話後，便能夠解決人世間因果、業力、外靈等所有的問題。

城隍爺不只管陰間事

在靈修上，若要學習術法，除了靠心性的提升與祂們相應之外（詳見第三章），另一部分則是要因應機緣，從祂們身上學習功法，並了解每一尊仙佛的能力及精神。

有一年的農曆過年，我到嘉義相當有名的城隍爺廟[1]及九華山地藏庵[2]參拜。未走靈修之前，我一直將城隍爺與地藏王菩薩視為陰神，直到後期才對這些常人視為陰神的神祇產生景仰與尊敬之心。

任何一尊堂上的仙佛，能夠當上一方之神，必有其過人之處和值得後人學習的地方，只因為我們不認識、不理解，才會對其產生偏頗的印象。然而，走靈修並不是盲目地拿香跟拜，帶有私心地選擇自己想拜的神明，而是以一顆寬廣的態度來看待所有的仙佛。

在城隍爺廟時，我望著祂，接著有一股強烈的信息湧了過來。放鬆意念後，很

---

[1] 又稱城隍爺、城隍老爺、綏靖侯。陰間地方之司法神，民間將地方官和城隍爺視為同等，一是陰官；一位治明，一位理幽。城隍既治理陰間，也監察人間的一切。據說，忠良孝悌的有德者，或才學兼備、正直無私者，均可入列城隍神職。

[2] 嘉義市九華山地藏庵本屬佛教寺院，因其兼具儒、道性格，故又稱地藏庵廟或地藏王廟。

清楚地意會到城隍爺的信息：「你常來嘉義教學員靈修，為何從未請我到課堂上教導？」我愣了一下，在靈修教學上，我常會依照學生的需求，以意念祈求仙佛前來教導，但因為對城隍爺不甚了解，疏忽了祂是當地知名神祇，按照尊重之禮，確實要帶學生來城隍爺廟參拜才是。

走靈修是以仙佛的教導為原則，許多人在靈修上一直無法精進，主要是因為把人放得太大，而忘了信仰上的虔誠心。

城隍爺接著繼續說道：「一個好的靈修教導者不單是付出，而是懂得每一位學員的心性，你今日走在教導他人的靈修路上，須清楚了解每一位學員的福報與心態，才能符合所謂的因材施教。對於廣種福田又具精進心的人，你應將所知不吝嗇地給予學生；而對於不具有精進心，且在生活當中不種福田的人，更應該教導他們有正確的心念和態度。」修行可分為智慧、慈悲與福田，智慧從靜心而來、慈悲從同理心而來，而施種福田又必須建立在智慧與慈悲之上。

城隍爺一席話令我愣住了。福報？我從來不知道該怎麼去看一個人的福報，更不曉得一個人的福報與精進心有何關係。

城隍爺進一步解釋：「一個人有福報，表示他願意耕種福田，幫助更多的人，這樣的人，難道不應該給予更多的指導嗎？」城隍爺的意思已經很明確，修行

宇色OS小提醒

仙佛曾對我說過一句話：「我們存在的價值，是因你們存在而存在。」因為我們相信自己，所以在人世間遇到波折時，若願意反求諸己再向祂們祈求，自然而然會得到祂們無形能量的幫助，但是，首要心念是：**我們必須相信自己**。

走在人間的路上，我們了解內在的道以及心念，知道何謂「可為和不可為」，人生的波折便會較小。就算處於逆境，也會向內求、了解心中道而不怨天尤人、指天罵地，因為今世、當下所發生一切的果，都是我們累世與今世心念所產生的結果。

不在於埋頭苦修，而是擁有自渡渡人之心。我於是反問城隍爺，該怎麼知道一個人的福報？祂告訴我：「一個人今世的福報，總歸我掌管，察一個人的福報當然要來問我。」

在城隍爺未說明之前，我膚淺地以為祂只負責掌管陰間、鬼魂之事，殊不知祂的責任範圍及願力是如此的大。我進一步問城隍爺，如何向祂詢問一個人的福報，祂輕描淡寫地表示：「知道要問就會有答案。」城隍爺回答的很簡單，但我聽在心中卻很沉重，很多靈修人就像一般進香團一樣，來去匆匆地拿香跟拜，根本不曾去了解每一尊神明的精神及願力所在，又如何能夠提升自己的靈修程度？

日理萬機的城隍爺

城隍爺主管陰陽兩界之地方官，身邊共計有二十四司（有人稱為八司或六司）的神明回報城隍爺，二十四司之神明主要是記錄、統整與輔助城隍爺，分別是：

名稱	職務
速報司	掌理兵部、禮部與發文之職。兵部職務為查拘陽間壽終或枉死之亡魂，並囑令其向報到單位辦理，禮部則負責接待賓客辦理禮儀科務。而發文之職務，乃接上級命令行文各司或其他單位。
功曹司	負責記錄陰陽兩界人、鬼之善行義舉，呈報予城隍備查，作為今生、來世添福贈祿之憑。
功過司	負責記錄陰陽兩界人、鬼行善作惡等之操守與功過，呈報城隍存查。

陰陽司	陰陽司是輔助城隍爺督察陰陽兩界的總管。陽世之人一切的善惡、功過，皆由陰陽司管轄，經其審查之後呈報城隍爺，再由城隍下令將善者列入功德簿，惡者則由惡司記錄。陽人逝世之後，生時為善之人，陰陽公就交由土地公領至地府的積善所，等待為神之日，或者再次輪迴投胎轉世。為惡之人，陰陽司就依據其為惡多寡，遣派牛頭馬面、黑白無常等，緝拿鬼靈前往閻羅天子處，再根據其情節輕重，照過逆鏡臺之後，分發到各大小地獄受刑。
註福司	負責執行賜福添壽之職。凡陰陽兩界之忠良者，經城隍審查認定後，交由該司執行賜福予德者之今生、來世應得的「福報」。
瘟疫司	掌理降施瘟疫之職。凡地方上如有未守綱常等情事觸怒上蒼，經上蒼降旨施予瘟疫，以示懲戒時，均由該司接旨執行。
感應司	掌理陰陽間人鬼祈禱之事。將其記錄並呈予城隍查照，城隍再依其功過和祈求之事審定後，交由該司執行祈者應得之願。
罰惡司	掌理行刑罰惡之職。凡於陰陽兩界之罪行，經判定後均由該司依刑罰條例執行之。
功考司	監督陰陽兩界考試之職，及負責考核人鬼功過之操守與地府各部單位工作之績效，列表呈予上級有查，俾為獎懲之依據。
記功司	掌理陰陽兩界人鬼及地府各部單位褒獎之職。凡於陰陽界有善行義舉之人鬼及各部單位工作績效有功者，經查定後依獎懲條例，由該司執行論功行賞，單位有過者嚴處或調職。
事到司	負責管理陰陽界亡魂至地府報到之事項。安排亡魂向負責單位辦理報到，若枉死者則向枉死城辦理，如壽終者則直往十殿王府報到，以免亡魂於地府雜亂無序。
監獄司	負責管理各級監獄之職。凡至地府報到之亡魂，不論是否判審，均須於監獄中等候發落，若有判審論定者則由該司執行之。

賞法司	掌管賞法之職。城隍審理陰陽間忠良孝悌及恪守綱常倫理之德者後，由該司依賞法條例，給予德者應賞之「善報」。
巡察司	負責陰陽兩界日夜查巡職，觀察及追蹤人與鬼之言行舉止，有否為非作歹或濟世行善，將之做為記錄並列表呈報予城隍備查。
刑法司	掌理刑法簿與執行刑罰之單位。當城隍審定作惡之鬼後，由該司依照刑法之規定、執行各項刑科。
察過司	負責視察陰陽兩界人鬼之善惡功過，作成記錄呈予城隍備查，以作為獎懲之依據，該司也是執行褒善獎良，刑奸罰惡之單位。
見錄司	掌理陰陽間人鬼善惡記錄簿。當城隍審理亡魂時，均依該記錄獎懲予亡魂，使之得應善惡之報。
來錄司	掌理陰陽兩界人鬼至地府報到名冊登錄之職。並將報到亡魂的姓名、籍貫、生辰與逝世年月日及報到時間登錄之，呈文予城隍存查。
警報司	負責警告、糾正陰陽兩界不法邪惡之念。凡是做壞事被查到者，先予嚇阻警告，如不依善勸或明知故犯，則呈報相關單位，以嚴厲懲罰，並宣導善、惡有報的輪迴因果。
賞善司	負責褒獎陰陽兩界行善有德者，凡良行義舉之人鬼，經查屬判定後，交由該司依賞法簿條例施行之。使德者得予善果，並賜其後代昌盛。
庫官司	掌理地府金融之職。凡亡魂之陽間子孫或百姓所焚化紙銀庫錢，均由該司點收與發放。及審核各部單位財務之收支。
改原司	負責記錄陰陽兩界人鬼籍貫之職。並巡察投胎轉世者之出生戶籍和陽間失蹤者（如戰爭、災禍等在外身故者），及管理地府報到之亡魂，將其安排歸回原來之戶籍。

保健司	掌理陰陽保健之職。凡陰陽兩界之行善與作惡者，經城隍審定後，交由該司執行降予受審者今生來世身心健康或是百病纏身。
人丁司	負責陰陽兩界人口增減。凡陰陽間人鬼之善惡經各單位審定後交由該司登錄，並管理其子孫後代或來世家庭人丁之職。

【參考資料：屏東縣東福殿及網路資源】

由此表可知，城隍爺不單是掌管陰間的神祇，其職責更橫跨了陰陽兩界。

每一個人都能去看元辰宮嗎？

到了九華山地藏庵，我上樓叩拜位於樓上的斗姆星君。斗姆星君掌管人世間每一個人的元辰宮，元辰宮包含了健康、福壽、財祿等，每當我欲觀看一個人的元辰宮與流年運勢時，便是向斗姆星君祈求引導。

有因緣之人能祈求斗姆星君的帶領去觀看元辰宮，這也是我初期向斗姆星君會靈時才得知的。進一步去思考，是不是每一個人都能去看元辰宮呢？那倒未必。並不是習得一般坊間術法，就可以一窺元辰宮的，任何術法皆須建立在個人因緣與福報之上，不是只要花錢學習就一定會有效果，一個靈修人應該了解此道理，而不是輕易為人觀元辰宮。

斗姆星君曾言道：「欲觀察他人的元辰宮，須先檢視此人的福報，有福報且有因緣之人，才能以靈修法觀察他人的元辰宮。」3一聽，我迷惑了，到底福報是誰在掌管？是城隍爺還是斗姆星君？我向斗姆星君詢問此事，祂解釋道，斗姆星君專司一個人累世之福報因果，欲查累世的因果福報須經斗姆星君允許；城隍爺則負責今世之福報與功過，兩者之間有很大的差別。經斗姆星君解說後我才恍然大悟，也總算體悟到，與仙佛會靈時認真了解祂們的心法，對靈修人在辦事上的幫助有多大。

靈修不僅是追求神通，也要常常藉由生活中的各種機會去廣種福田，就算只是一句話、一個心念，甚至一個笑容，都是在無時無刻中，種下了福田的種子。

我相信，神祇看待人們的問題也是抱持相同的態度，一個不願意反求諸己的人，事事皆將生活與鬼神畫上等號，動不動就講因果、鬼神之說，而忽略了真正的生活修，如此本末倒置的心念又如何稱得上精進心？靈乩的辦事能力，並非行走靈修就能獲得，而是要懂得追根究底，同時也必須將能力用在正途上，而非在斂財上。術是建立在德之上，有德之人才能將術幻化為大。

陰間與人間，僅一線之隔

九華山地藏庵一樓（即地下室）名為「閻羅殿」。我心想，名為閻羅殿應該只是供奉閻羅王與地藏王菩薩吧？待我下去地下室時，卻

3 我從不主動為人觀元辰宮，若當事人的因緣與福報不足，觀元辰宮的成功機率並不高。這也是為什麼有人觀落陰、觀元辰宮時始終無法順利進入的原因。

宇色OS小提醒

靈修的路，就像轉動心中的太極陰場，接觸了仙佛的教誨，亦有相當大的機會接觸掌管陰間之仙佛，進而了解陰間之事。《牧羊少年奇幻之旅》中有一句話：「以前我趕著羊經過草原的時候，如果遇見了蛇，有些羊就會死。可是對羊和牧羊人來說，生活本來就是這樣。」而所謂的陰神，也只是外人對他們的污名化罷了。說穿了，**以平等心看待陰陽神祇，不也是陰陽太極的原理嗎？**既然有陰必有陽，為何僅挑喜歡的仙佛菩薩做為信仰，而捨棄陰間的神明呢？

被眼前威嚴的景象所震懾。地下室的閻羅殿至少佔地五十坪左右，兩邊供奉著遶境出巡專用的大型七爺、八爺、黑白無常等神將，每尊大型神像前都有一個按桌，數一數至少近十尊左右，供桌上尚有十殿閻羅、地藏王菩薩、城隍爺、閻羅天子等等。

我至全省各地朝拜，從未見過如此排場，站在中間，無形威儀籠罩四方。當天晚上八點多，空廣的閻羅殿僅有我一人，確實令人感到不寒而慄。

待我想再進前仔細參觀內殿的其他神像時，一道聲音傳了過來：「不要再往前，裏面正在審判案情。」

唉啊！我心頭一驚，想起古人曾經流傳的故事。據說，早上的城隍爺廟、地藏王菩薩是由人在朝拜，到了夜晚，便會開始審判陰間的不平之事，而居住在城隍爺廟附近的百姓，曾在夜深人靜時親耳聽見鐵鍊拖地以及夜審的聲音，彷彿是監獄裏頭腳套鐵鍊的犯人被押出來審判。

當時我只是當成故事聽聽，並沒有放在心上，今日站在閻羅殿前，感覺卻是如此的真實。

我是一個很鐵齒又愛印證事情的人，聽到聲音的當下只覺得是自己多疑，所以又試著向前踏進，這次的聲音更為清晰，且帶著一股嚴厲的口吻：「正在審判陰間兩魂案情，不可再向前打擾！」我看不到眼前有任何異象，卻感受到前方幾公尺處，地藏王菩薩的供桌下，似乎真的蹲著兩個「人」。

如果真有陰間審案，我倒是很想一觀，於是我又再向前走一步，相同的聲音再次響起，語氣更顯嚴厲：「前面跪著兩個人，不能再往前打擾審案！」一連三次的警告聲，就算我再有神助，也不敢冒犯鬼神之間的大事。事後我才知道，原來嘉義地藏王菩薩奄、城隍爺廟，與臺北、新竹、臺南城隍爺廟並列為有名的廟宇，尤其是九華山地藏庵，更是許多靈修團體會帶去赦因果之處。

9 靈修術法

師弟啊！過去生中，我只重視修慧，卻忽略了幫助他人的重要性，今世落得空有智慧，卻有一頓沒一頓，吃盡了苦頭。而你宿世樂善好施，常常幫助窮苦之人，卻不願意下苦心修行內在智慧，此生雖享盡榮華富貴，受到國王的恩寵，可惜卻是墮入畜生道啊！

靈修融合了佛道雙修，其中的「道」，孕藏兩個涵義。一則是指道家精神——萬事含陰陽，萬物藏陰陽。陰陽相互融合構成萬事萬物，更高深的奧義則須從道家創始人——老子[1]所著的《道德經》[2]中參透。另一則是指道教[3]，最早可追溯至華人遠古時期崇拜的自然與鬼神信仰（類似薩滿教）。當時，人與神之間的溝通橋樑來自卜筮、薩滿（外靈附身為主）等多種方式，此模式逐漸演變，影響到商周時期種種祭祀先祖及天神之儀軌。受到後期道家思想及佛教種種因素的影響，傳統的鬼神崇拜、修心成仙、陰陽五術融合了黃老思想，演變成至今的道教教派。

靈修人欲鑽研靈修術法，絕不能依樣畫葫蘆地照抄書中或其他老師的作法，須

1 老子為中國春秋時代思想家，傳說出生時就長有白色的眉毛及鬍子，所以被稱為老子，是道家學派的始祖。道家後人將老子視為宗師，與儒家的孔子相比擬。在道教中，老子是三清尊神之一太上老君的第十八個化身。

2 《道德經》又名《老子》，由戰國時期道家學派整理而成，記錄了老子的學說，是中國古代先秦諸子分家前的一部著作，也是中國歷史上首部完整的哲學著作。

3 道教雖奉老子為祖師，但其主張與老子、莊子的

透過後天對易經、八卦、風水等等鑽研，因應不同事件請示祂們的教導，從而發展成一套個人專屬的靈修術法——由於每個人的因緣、機緣、福報均不同，元神修習法也會有所不同。修習過程須不斷調整心性，使之日漸成熟、沉穩，再由宗教、生活體悟到正知見並了知天命，才可能接引祂們的指導。愈深入靈修，愈覺得其高深莫測的奧義難以窺探，就算終其一生鑽研，亦不及任何一位仙佛智慧的億萬分之一。

無極殿門現，卻推也推不開

靈修，是一門非常享受自我修鍊的過程，可以分享卻無法言傳，一切均在個人感受中。為何靈修不建議團體修行？因為人性最容易造口業與互相干擾。

那一日我心想，既然與九龍太子有因緣，是否能夠透過元神請祂下來教導劍法？很多人認為仙佛不可能隨請隨到，這是非常愚昧的淺見。人們確實不太可能祈請到仙佛本尊前來，卻能在心存正念及專注力之下，透過意念與祂們意識相連結——因為祂們的能量與意識無遠

思想不完全一致，而更多得益於漢初盛行、以老子之名言修道養壽的黃老道。

宇色OS小提醒

佛經中記載著一段故事：在佛陀的教導之下，每位弟子都要自理飲食起居。有一日，阿難看到很多不會縫衣服的僧人，花了不少時間在縫補自己的僧衣，他忽然有一想法，如果能集結一群很會縫補衣服的僧人來為大家縫補衣服，省下來的時間便能修行了。

阿難於是依此想法執行，過了幾日，佛陀看見這景象後，略帶怒氣地說：「如此只是讓更多人有機會造下口業啊！」佛陀進一步解釋，修行不單是閉關與內觀而已，生活中的種種都在修行當中，人性很容易因外界影響而犯錯。集結僧人縫補僧衣用意是好，但是，有人的地方就有是非，多人的地方反而容易產生口舌。

由此可知，**「獨自修」不僅是讓內心清靜，更是減少自己與他人製造口業的機會**。想從靈修中脫穎而出，就必須忍受自在修與一個人默默練功的日子。修行本來就是由靜冥中體悟，一群人的修行除了增加口業與花更多時間在嚼舌根之外，對於內在靈性的提升幫助並不大。

弗屆。我曾向豐原慈濟宮後殿觀世音菩薩請示過：「你如何傾聽堂下無數上香人的祈禱與心聲？」觀世音菩薩告訴我：「你用人的角度看待我們，自然無法思透靈界的奧妙。人們用意識與我們溝通，透過意念的溝通，可以在同一時間內與無數人心連心，意識是超過世間文字與語言所能理解之事。」同樣的，會靈時，仙佛本尊亦未真正下來，而是透過意念傳遞祂們的信息，與我們元神作連結。這與人在念經持咒時會感應到仙佛前來是一樣的意思，是在虔誠心與專注力之下，與仙佛能量相應的結果。

當我正在訓體、氣喘如牛之際，眼前突然出現了一道門，我邊操練著功法邊試圖打開那道門，但不論我如何使出吃奶之力，那道無形門卻總是聞風不動……

我詢問瑤池金母此門為何而得知是「無極殿正殿大門」。我愈想愈不對勁，方才還在與九龍太子操練功法，怎麼一下子便到了無極殿大門前？我拚了命想開啟那道門，但它卻有如銅牆鐵壁，動也不動，最後無極殿的大門僅被我開啟約莫二指寬。

瑤池金母告訴我：「每一個靈修者均知無極殿，豈知今世未修行至心神合一之境界，如何領有無極令？沒有無極令又該如何開啟無極殿？未開啟無極殿又如何能了知無極殿背後之事情？只奈世人太看輕靈修、太輕忽無極令。」

至於為何會有開無極殿門的功課？瑤池金母一番話重擊我心：「未能開啟無極殿，有兩個原因：一是修行仍未成氣候，未領有無極令；二是領有無極令卻不知如何使用。」我愣住了，我是前者還是後者？走靈修近十年，我卻一直未知無極令真正的意義，也不知是否領有無極令。我一直以為自己很精進在靈修中，原來在祂們眼中我比一知半解還不如，光是一個功課就考倒我了。

停下一切動作，我靜下心來反省自己：「發生在我身上的事情，到底還有多少是我所不知道的？」

我所見所聞的無極殿大門是真是假？我挺有自知之明的，以我目前的能力不可能在天庭來去自如，須仰賴因緣與祂們的幫忙。我所須反思的，不是無極殿大門的真假，而是去深思自己進不了無極殿，是因為修行未成氣候，還是領有無極令卻不知如何使用？

靈修路上處處是考驗，不在於魔考，而在於我們是否懂得覺知所見、所聞與所知當下一切行為。許多人犯了我靈修初期犯的錯——努力精進靈修，卻對靈修過程中所發生的一切毫無覺知；以領旨來說，有時會發生早領了旨卻不自知的情況，也會發生一切都是假象卻自認為領了旨的情況。

在陰陽八卦間轉靈練功

靈修人必會靈的五母——瑤池金母、準提佛

宇色OS小提醒

靈修術法中有「求財」嗎？當然有，你想得到的無形術法通通都有，只是我從來沒有向祂們詢問過求財祕法。走靈修的路上，一直被灌輸一個觀念——有因緣祂們就會告訴你，換言之，**無形術法不是求就有**，如果求就有，我應該有機會列入臺灣宗教類首富前十名吧！至今我還從未因求財祕法而致富過，統一發票近十年來連一張也沒有中過，若這一切都是命，就順其自然吧！

我自認為還算幸運，一路走來我從未拜拜燒香祈求抽到好籤、中大獎、發大財或考上好學校，一切倒也是平安、順遂。這是否出於祂們的保祐，我未深入去研究，至少有一點我很確定，臺語叫做「有多少屁川，吃多少瀉藥。」[4]我很認分，每天都有在量體重，知道自己有幾兩重，從不逾越本分之外的事情，我一生奉行的是：「乾乾淨淨來到人世間，就不搞東搞西，只願乾乾淨淨離開人世間。」

[4] 臺語，有多少屁股吃多少瀉藥，意指人必須知本分行事。

母、九天母娘、無極虛空地母及驪山老母，前四位老母均在早期跑靈山時，與祂們一一地會靈相會，僅有驪山老母多年來一直無緣與祂相會，而在二〇一一年年底時，終於有此機緣……

在下著細雨的寒冷十二月，與兩位友人從埔里開了近三個多小時的車，來到臺中縣和平鄉梨山上的靈山慈元宮5會見驪山老母6。刻意選在平日上梨山，主要是為了避開觀光人潮，與一車又一車的進香團。

因天冷下雨，在廟前會靈的靈修者僅剩我們三人，偶爾來了幾位香客，卻是少得可憐。與驪山老母會靈時，竟不知不覺走向廟前廣場，面向雲霧裊裊的連綿山峰，腦海中浮現一首偈文：「移山倒海天地動，靈山仙氣五行陣，伏羲點化陰陽動，陰陽五行無形中。」它是一種風水陣法偈文。驪山老母告知，此陣法能轉移山水之靈氣，化無形為有形之助力，幫助有福報欲做大事業之人，藉山水之氣開闊事業。

我進一步追問其作法，驪山老母告知：「準備一座水晶洞以及四樣東西，即符合了五行術法，再依選定時辰置於辦公室後面，協助此人坐鎮於辦公室，可助氣勢與增強果斷力。」驪山老母言明，此陣是助長氣勢而非財氣，為增加一人事業之靠山，須視此人的因緣而定，時辰、方位及開光儀式的時間須再請示祂們。依以上的方法擺放後，仍僅只有形體，無法接引靈氣而產生能量，仍須在點光時以元神接引山水之靈氣。很多人說驪山老母慈悲，但我卻在慈悲中感受到一股威嚴的氣場。

在第二段練功時，我向堂上驪山老母詢問如何與祂心靈相應、學習心法，祂並

---

5 靈山慈元宮為驪山老母開基廟，是靈修人必去會靈的聖地之一。

6 關於驪山老母的傳說甚多，較為後人所廣知的，是祂曾於太宗貞觀年間，收了西涼國寒江關守將的女兒樊梨花做徒弟，教她移山倒海，撒豆成兵之術；民間傳說「周公法鬥桃花女」中，桃花女師承於驪山老母。從中可以得知，驪山老母在兵家術法、易經以及陰陽八卦等擁有所長。

未直接回覆我的問題，只說：「提升元神能量先須轉陰陽，以陰陽之氣提升內在能量，當元神不斷提升，日後與其他人會靈時，才能藉本身修鍊的炁[7]協助他人元神甦醒。」這些話指的是「轉靈」，一個靈修者如無法靠自己轉靈或啟靈時，就須藉由他人之外力轉換元神能量。

驪山老母話畢，我看到地上出現一幅陰陽八卦的圖形。我腳踏八卦，雙手手腕不斷地轉動，雙掌間逐漸出現一股氣在打轉。又見一幅無形八卦在頭頂出現，我在頭上腳下的無形陰陽間不斷轉靈練功，口中不自覺地吟唱出各式不同的聲波[8]。

勿沉溺在表面的靈動

與我一同前去的友人是我的靈修學員，我在慈母宮前引導他靈動練功，只見他練到全身流汗發熱，體內熱氣碰到外頭十度左右的低溫，讓他宛如籠罩在一層薄霧中。中場休息時，他累到說不出話來，我告訴他：「你之前說練功一點都不會累，是因為沒有用氣帶動全身，只是皮在動骨不動啊！就好像一些跑靈山的師兄姊，在宮壇、靈山靈動，繞啊繞、轉啊轉的，就算繞一整天也不會累……你之前靈動彷彿很多變化，看似在與祂們會靈、練功法，其實不就跟那些人一樣嗎？」

我繼續說：「如果只是想和那群人一樣繞圈圈，在家中繞就好了，何必出遠門忍受風吹日曬呢？若練功不知何謂腹式呼吸，也不知如何氣入丹田、以氣走經

[7] 音同「氣」，指修鍊之氣。

[8] 似吟唱似嘯聲，會隨著不同的功法轉動聲音，後期我研究，有點類似音樂療法，但此聲音是由靈修者身上不同部位發出。有興趣者可上網搜尋「宇色靈音」。

絡來帶動全身，再動一百年也不會累！我在靈動中學習到轉靈，都是從一層層的基礎苦練出來的。」

接著，我轉述驪山老母的教誨：「把朋友暫放一邊，獨自一人上山或內觀；雜事放一邊，心靜了，才有機會踏入靈修殿堂。」修行可以有朋友，但高處不勝寒！

一枝文殊筆就能啟智慧？

在嘉義半天岩紫雲寺，一般靈修者只專注在山門前的準提佛母與戶外的昇龍觀音，卻忽略了寺內尚供奉著許許多多的仙佛菩薩，寺廟中所供奉的每一尊仙佛都是本尊的分身，忽視祂們便宛如錯過寶貴的學習機會。

一次準提母聖誕之日，至右廂廊參拜文殊菩薩[9]時，一股莫名且溫暖的感受湧現，我心想：「待我全部參拜完後，再回來向祂會靈。」參拜完紫雲寺中全部的仙佛後，又再來到右廂廊文殊菩薩前會靈，當下並無太多預設的想法，亦沒有任何想向文殊菩薩「求」的念頭。

我與祂會靈時，口中喃喃念著似功法的靈語，漸漸地，我雙手向半空中舉起，一個類似筆的東西出現在手中，這該不會是一支毛筆吧？想法方落，心中便響起一個聲音：「文殊筆。」我對無形寶一向興趣缺缺，只對靈修中的靈動功法興致較大，

宇色OS小提醒

會靈訓體中，祂們會視心性成熟度及因緣的不同而給予教導，我也是在此段過程中學習到新的術法與轉靈。因本身在修鍊過程中能夠很清楚地了解祂們的教導，故無需在事後書寫天文來記錄過程中學到的內容。**會靈訓體都是修鍊的必經之路，對靈修了解不深的人切勿小覷其殊勝之處。**

[9] 文殊菩薩意為妙吉祥。文殊常與普賢菩薩侍佛左右，文殊在左、普賢在右，共稱「華嚴三聖」。以獅子為坐騎，象徵其威猛。

總認為健康是萬法中最基本之首要，能從靈動中得到健康，對一個人幫助更大。不過，既然有顯現，我也沒打算漠視它。

我進一步詢問文殊菩薩此筆的用途，祂告知：「一個人在人世間，如能產生覺知而從內在升起智慧，對於修心養性及修行有莫大幫助。但是，並非人人皆能從生活中覺知而升起智慧，這須視先天的根器而定，此時藉外力輔助其智慧覺起亦是必須。」

我有些無法接受這種說法，只靠一枝無形的文殊筆就能輕易獲得智慧？佛陀教義言明：「戒、定、慧三學，是佛教的實踐綱領，而學佛首要『勤修戒定慧，熄滅貪嗔癡』，而慧，則是由戒與定中而來。」從戒中才能產生定，由定（靜心、明辨）中覺起慧，慧才能去除妄想、無明、煩惱，進而取證涅槃，趨向真理。

文殊菩薩進一步告知：「使用文殊筆，又須視個人福報而定，有

宇色OS小提醒

靈修術法一直是我認為靈修中較難以公式化的部分，它很難抄襲前人或其他個案的模式，而需依照個案的不同而不同，每一次都必須請示祂們後，才能夠準備術法儀軌所須的物品。記得某一次處理卡到外靈的問題，個案身體狀況日漸下滑，出現疲倦與嗜睡的反應，來到現場一看才知道有位四十歲左右的男性外靈依附。當事者也證實，常在睡夢中看見一個四十多歲，臉泛綠光的男人。

我向祂們詢問處理方式，祂們告知：「在雙方溝通同意後，祈請地藏王菩薩前來，再燒化一朵往生紙蓮花，以有形化無形渡走它。」我將它引渡出來依附在另一人身上，由當事者與它當面對談，才知道原來是前世一段未了的因緣纏綿至今世，並非蓄意傷害女方。經雙方溝通後，我請當事者立即出外購買一朵二十元的往生紙蓮花，再祈請地藏王菩薩現場渡化，此事便告一段落。處理這件事情只用到一朵二十元的往生紙蓮花，**從頭到尾，我只能遵循祂們的指示執行每一個步驟，不能加入一絲絲「創意」在裏頭**。

事後我詢問瑤池金母「為何只燒一朵蓮花就好了？」祂回覆我：「燒化紙蓮花是為了渡化，運用意念將有形幻化成無形，既然已達到效果，一朵蓮花即可，何必燒多？」這一路走來，我處理過的外靈事件並不多，至今從未燒超過三朵蓮花。

福報之人方能藉此文殊筆的無形能量升起內在智慧，再者，智慧非聰慧，是幫助一個人明辨是非而不受世俗影響，真正的智慧仍須靠個人修為。」

「在使用文殊筆前，又該如何了知一個人的福報為何？」

「日前你不是學習過，如何查一個人的福報了嗎？」經文殊菩薩的點醒，我才憶起，不久前曾在嘉義城隍爺廟中學過查福報的方法，因不曾使用過，一時之間竟忘了此事。我又提出疑問，向斗姆星君與城隍爺查完福報，又該如何使用文殊筆？

文殊菩薩告知：「心轉方可。」於是祂明確地告訴我此無形寶的使用方法。無形寶須視個人因緣來領取，接獲無形寶後，還須向祂們請示使用方法、何人所給以及用於何處；如無探究之心，則無形寶宛如空氣毫無作用，既不能食用亦不能轉賣，丟在地上亦無聲響。

乞食師兄&大白象師弟

佛經上曾記載關於「福智[10]雙修」的故事：

「有兩位同門修行的師兄弟，一個喜好讀經修慧；另一位則是不間斷地幫助窮人，廣植福田。兩位修行人轉世之後，師兄再度輪迴為出家人並證得阿羅漢果[11]，卻因前世少種福田，終日向人乞食，有一餐沒一餐。

一日，師兄托缽於國王的花園，看到一頭披金戴銀、身上掛著珍貴珠寶的大

[10] 福田與智慧。

[11] 了脫生死，達至涅槃。

白象，躺在上好的屋舍中，牠是國王最得寵的一頭大白象。師兄因已證得阿羅漢果，了知此象是前世師弟所輪迴轉世，便向前對大白象道：『師弟啊！過去生中，我們兩人修行皆有偏頗之處，我只重視修慧，卻忽略了幫助他人的重要性，今世空有智慧，卻有一頓沒一頓，吃盡了苦頭。而你宿世樂善好施，常常幫助窮苦之人，卻不願意下苦心修行內在智慧，如此雖生活無憂，享盡榮華富貴，受到國王的恩寵，可惜你卻墮入畜生道啊！』

大師兄離開後，這隻大象不再展現歡喜樣貌，反而整天掉淚不吃不喝，國王便攜眾官員前去請益佛陀，佛陀便藉此故事警惕大眾，隨後說出這一首偈文：『修福不修慧，大象披瓔珞[12]；修慧不修福，羅漢托空缽。』」

是以月慧菩薩言道：「修福不修慧，福中也造罪；修慧不修福，慧中也糊塗。」前者是引喻大象掛纓絡，具有福報卻未修智慧，因無智慧就算行善，亦有可能造下未經心之過錯。後者則是引喻佛陀所言的羅漢托空缽，暗寓世人不能僅顧及自身的修為，而忘了將已修得之智慧佈施於他人，幫助窮苦之人耕植福田。

今日文殊菩薩藉文殊筆一事點醒我，不可只專注在個人修行之上，應著重在積內德（修慧）與修外功（修福），「福慧」就如同人的兩隻腳，缺一不可，故言道：「福德要智慧來引導，智慧要福德來積成。」學習種福田是積成智慧，而佛陀說：「若有智慧，則無貪著。」

「無形寶」的使用與否並不重要，重要的是靈修中一切的體悟，都須回歸內

[12] 古代印度貴族配掛在身上，由珍貴寶玉編成的裝飾品。

在，反思祂們為什麼會賜下如此的功課與體驗，這些殊勝的經驗不是給我們拿來斂財、炫耀與貢高自我能力，而是與我們的內在習性有密不可分的關係。

在未與文殊菩薩有此段特殊經歷之前，我在天性上習慣獨自一個人修行，不喜好與太多人來往；我助人多是建立在隨機之上。

老實說，我並不是一個能輕易同理他人悲苦的人，總認為一個人在今世之所以活得非常辛苦，與累世、今世的習性脫不了關係，一切都是自己造成，即所謂可憐之人必有可恨之處。但在今日的功課中，我深深體悟到助人是耕植自己的福田，是眾人給我們廣植福田的機會，也是修心養性的一門功課——助人不求回報，亦不受他人影

宇色OS小提醒

神助自助人，其中的自助人是指願意渡自己與幫助別人之意。我開始省思除了給予建言之外，還能給個案什麼？後來我看到一則佛教故事：

文殊師利曾經是一名比丘，一天，他進城去行乞時，乞得滿缽的百味歡喜丸。城裏有一個小孩追來向他求乞，但他並沒有馬上給小孩。走到佛塔旁邊，他才親自遞了兩丸給小孩，並且有約在先：「如果你自己吃一個，另一個肯佈施給比丘的話，我才會施捨給你。」當那孩子把另一個歡喜丸佈施給比丘後，就走到文殊師利那裏去受戒，決心要得悟成佛了。

看完這段故事時，我心中頗有感觸，是啊，就算有通天的預知能力又如何？我只能直接告訴個案結果，個案也只能接受業力的現前。我想我還能給的，就是**讓缺少福報的個案有植福的機會**。於是，只要缺少福報的人來找我問事，我都會告訴他：「我收你一部分，另一部分你以自己的名字捐出去吧！我開福田給你植。」

有人問我：「你又怎麼知道我有沒有把錢捐出去？」

我則說：「我相信你會捐！捐了，你有植福也有信用；沒捐，你少了我的祝福、植福機會，也失了信用。你難道不想給自己一個植福的機會嗎？」我給予植福機會的個案不在少數，事後發現，每個人都會將收據以電子檔寄給我，而捐出的金額也都超過我給他們的優惠。

這也是當一位占卜師或靈乩最大的福報——擁有開闢福田給別人種的機會。對我而言，天命只是空談，無法給予個案更好的建言、更多植福的機會，也是枉費了當一個占卜師（靈乩）最好的植福機會。

響正念。佛陀教義中不也言明：「大乘行者旨在證得究竟涅槃：成佛。成佛不只是為了自己，還為著一切眾生。大乘要發菩提心，悲智雙運。」

先前地藏王菩薩給予一段體驗地獄眾生苦的慈悲功課時，我才開始學習何謂慈悲，也學會將「可憐之人必有可恨之處」的想法，修正為「可恨之人必有可憐之處」；今日文殊菩薩給予的功課，則令我開始反思福慧雙修的重要性。智慧、慈悲與福田，在修行上缺一不可。

10 走過半部人生

我自小便自願茹素，而任職於這家大型餐飲集團，勢必會有試新菜的機會；選擇新工作，就必須破素戒；選擇茹素，就得要放棄這個人人稱羨的好機會……

「人生下來總是容易記住不好的事物，也因此有了開闢新疆土的動力。」這句話頗耐人尋味，人在潛意識中深藏有不滿足的基因，不滿足現況、心靈停滯不前、婚姻、個性缺失、不滿意和自己主觀相衝突的論點……但是也因為不滿足，才會努力追求、挑戰更高層次的靈性成長，企圖改善人生格局。不同的是，積極的人改善人生，消極的人埋怨人生！

在職場中找到另一種存在價值

幾年前我在職場上有不錯的發展，在一間令人稱羨的大集團擔任企劃工作。當企劃異於其他職位，最大的滿足來自「一張嘴喊動很多人為你出力，一個想法可以為公司省下幾十萬到上百萬的預算」。只要點子能夠打動消費者和主管，行銷後的實際效益大於活動的預算成本，公司自然會對我們腦袋內的創意買單。這段不算短的日子是我這輩子學習最多的時光，我看到許多上流社會的生活模式與價值觀，也不斷向成功人士學習靈修上學不到的社會生存學分，展開之前所沒有經歷過的生活體驗。

進入這家公司之前發生了一件小插曲，影響了我的茹素觀點。從小五、小六左右，在沒有宗教、健康及家族的影響之下，我自願選擇茹素；而進入這家全國餐飲業界的龍頭，勢必會面臨一個狀況——試新菜及品嘗全國好吃的料理。選擇新工作就必須破堅持十多年的素戒，選擇茹素就要放棄這個令人稱羨的好機會。對一個茹素十多年的人來說，這是相當痛苦的抉擇，百般無奈的之下，我將這顆燙手山芋丟給瑤池金母，希望祂能給我指點。祂送給我這番話：「選擇這家公司，在未來職場中將有非常跳躍式的成長，對你影響甚大。你會比一般人更辛苦，受到更多磨練，但只要撐過幾年，你將獲得在其他公司努力多年也未必能得到的收穫。」

瑤池金母的話點醒了我，茹素和開葷，都是一個階段的選擇，我只是一個平凡人，需要社會認同與肯定，需要一份穩定收入維持生活品質，何必將開葷放大為一顆萬惡不赦的巨石，壓在自己身上？於是，我對茹素有了新的觀點——不為了吃素而吃素，而是選擇聆聽身體的需要而吃素。與家人朋友同聚時，我入境隨緣相盡歡，絕不碰大魚大肉、油炸類，畢竟在圖省成本之下，牲畜飼養的過程中打了太多抗生素、生長激素。平日一人時就茹素，不吃素料與過度精緻的素食，一切以簡樸為主。不受宗教包袱的限制之下選擇茹素，就少了不必要的宗教色彩，這中庸的選擇方式或許與我走靈修的態度有很大的關係，為了自己選擇適合的飲食觀，讓我如釋重負地放下背負已久的道德感與宗教枷鎖。

剛進入公司時，許多同仁及主管並不看好我。我不知該如何做好會議記錄、如何寫一份好企劃案、如何向主管表達想法、何謂市場調查、如何與媒體打交道……光是辦記者會邀約記者，就讓我一個頭兩個大。我像是被丟到大學裏的幼稚園畢業生，要與一群大學生相抗衡，吃盡了苦頭——還真應了瑤池金母所言。幾位高階主管明確表示我「不適用」，暗示我可以準備走人，在直屬主管力保下，我才生存了下來。過程中我也遞出三到五次的辭呈，她依舊力勸我待下來，我很感恩這位女主管的支持與栽培。在進公司半年後，支持我的女主管調任董事長祕書，我只好扛起主任與專員兩份工作，天還沒亮就出門，天暗了，我依舊在部門內加班，只為了向自己證明：

「我可以做得到！」

我也常向瑤池金母說：「祢口中的磨，還真是不小啊！」半年後，一位工作十多年的女同事以這句話形容我：「你真的讓我跌破眼鏡，在短短半年內，像海綿一樣不斷地吸收，你已經完完全全和半年前不一樣了。」與此同時，她也用另一句話來形容我：「你是一個不食人間煙火的人。」

是啊，進公司前，我從未自助旅行過，出國的經驗僅止於去大陸一次；有次在設計平面文案時，不懂主管口中的「普普風」，還以為是so so的意思；與一群主管開會，我只會不斷地抄筆記、傻笑，主管還常虧我：「是來做會議記錄的嗎？」

之前我從未到正式的餐廳吃過飯，也想不透為什麼有人肯花五、六百元吃上一餐，那可是加油站工讀生一日的收入！在這家公司裏我逐漸被同化成「凡人」，開始懂得偶爾吃大餐犒賞自己；隨公司主管從南到北吃一頓兩、三仟元以上的大餐，還絲毫不為所動，這些在之前都是impossible。公司某位大主管為犒賞員工辛勞，可以花大錢請上百名員工及家屬，包下整個電影廳請大家看當時最新上映的《哈利波特》，一切的一切，都超乎我之前生活及靈修上所能體會。

真實與虛擬的成就感

我們生活的社會、世界這麼大，學都學不完了，還企圖了解靈修的世界？這群社會高知識分子，沒有仙佛加持、從來不跑宮壇拜拜，當然也從不買購物頻道上昂貴的開運物，卻可以活得比一般人自在，至少不用為了籌下個月房租、貸款、學費、三餐在煩惱，這一切不是因為他們命好，而是來自於他們的毅力與努力。

我不僅在公司內學到社會學分，也因為職務關係認識了不少知名集團的企劃、採購、行銷人員，因此知道了更多的人性。我非常喜愛及享受這種被社會、集團、主管肯定的務實成就感，比當一位靈修人活在虛擬成就感之下，真實太多了。

許多靈修人、乩童只敢在宮壇、道場等同好面前大聲肯定自己的存在價值，吹噓自己異於常人的能力，但出了這個領域，一切歸零。我在靈修中看過許多生活不順遂的人，不懂得反省自己，卻一味的怪罪神明；也看過在宮壇中備受尊敬的師兄姊，一旦走出宮壇，便被婚姻、經濟壓得喘不過氣來。他們就好似住在杜鵑窩內[1]，與外界無法相融，只能找一群同病相憐的人取暖。這些能力對於經濟、人際關係、親子關係、工作職場的幫助不大，因為宮壇、道場的存在價值無法帶到現實社會；一旦回到實際的生活層面，想要平順過日子，一切各憑本事。

平日，我與一般人一樣，為了更優質的收入、頭銜及成就感在職場上打拼，我可以每天工作超過十二個小時；在假日，偶爾與一些同修到全省仙山廟宇會靈、打坐、靈修，與生存在異度空間的世界打交道。這兩種身分，我自認為維持得非常平衡。在公司，我絕口不提我的另一項身分，只要我的工作表現令人放心與滿意，公司主管對我的另一種身分也就能抱持不干涉的態度。

在這過程中我體悟到一個觀念，希望他人認同自己的宗教觀，就必須先讓自己的社會價值與能力被他人接受。一個人不管如何義正詞嚴地吹噓自己在宗教和靈性方面的能力，永遠抵不過實際的社會觀點。說白一點就是，先做好一個人該做的本分吧！身為員工卻每日遲到早退、工作沒效率；身為人夫或人妻卻在外面搞七捻三；當學生的拿父母錢卻不好好學習一技之長；家長未盡好父母之職……就算擁有高尚天命、通天本領，也難以取得社會的認同與信服。

[1] 出自美國影片《飛越杜鵑窩》（One Flew Over the Cuckoo's Nest），後人引喻住在精神病院的病患。

幾年工作下來，我就像拚命三郎似的，為公司和前途打拼，一邊努力工作一邊升學。蠟燭兩頭燒之下，我在一次體檢時，發現自己罹患了猛爆性肝炎，定期服藥後依舊無法降低肝指數、GOT和GPT；每次檢查就好似在和這三個數字拉扯，過著提心吊膽的生活。那一年新聞常報導科學園區內許多工程師得到肝炎，在毫無預警之下走人，我也深怕自己有一天太累，趴在辦公桌上就一覺不起。幾個月定期服藥，肝指數和臺灣股票成反比——跌少漲多，我毅然決然選擇離開令人稱羨的上班族生活，給自己一年的時間休養及調整生活步調。

回想起來，我很感謝那段在大集團工作的日子，這段經歷讓我的心性成熟與堅強了許多。

與一群頂尖分子共事，讓我學到用全新的角度看待事物，因此而開創了新的格局，這是與過往的靈修生活截然不同的體驗。現在我常常以過來人的經驗在演講會場上，分享給尚未出社會的學子：「人生一定要進入大公司一次，在大公司工作三五年的經驗，勝過在小公司待上十年。」也勉勵對靈修有興趣的朋友，靈修是後天帶動先天，千萬別輕忽現實生活中該有的努力，與社會學分的重要性。

宇色OS小提醒

我從不鼓勵別人走靈修，雖然它看似一條認識自己的捷徑，但畢竟誘惑太大，稍有不慎就容易陷入迷失中。在柿子文化出版《我在人間與靈界對話》後，以為能透過書讓一些人清醒一點，結果卻非如我所預期，三天兩頭還是有人會問我：「我的主神是誰？」「你有在幫人點靈認主嗎？」「某某老師說我主神是××，你覺得呢？」

這也是走靈修很無奈的地方，大家都很想從你身上得到一點希望——明明靈修路上不是追求名師或名人，而是要**認清自己並從中得到啟迪與智慧**。奇怪的是，走宗教修行的人大多比較喜歡聽我講假話，卻不愛聽真誠實際的話，每次苦口婆心講一堆靈修觀念、佛法內觀及分享靈修心路歷程，他們總是聽不進去，但只要我一開口：「母娘說……」他們就馬上乖乖坐好聽訓，我都很擔心死後瑤池金母會向我索取「代言費」或割我舌頭！

盲目鬼神論下的人性

在走靈修的日子裏，一直被提點的觀念是「不要太相信自己的大腦」，以及「人的心念非常可怕，能幻化不同的事物，看不見自己心的人等同於看不見靈修的路」。在初期，我並不是很清楚這幾句話的涵義，當後期遇到的人愈來愈多，我才逐漸明瞭人類的大腦真的不簡單，我們每一個人所見、所思、所聞都受到主觀的影響，一位靈修人經歷了特殊經驗，假使未能學習到如何思辨，往往也會被大腦偏見所產生的幻象左右而不自知。

曾有一位就讀高中的網友，問我日本虛擬卡通藝人是否會在真實世界中出現，我不解怎麼會有人問這種幼稚園的問題？他告訴我，他很喜歡的一位虛擬藝人，不但曾在夢中現身，還出現在他的窗前。我認為那位高中生應該不會無聊到開我玩笑，於是告訴他那可能是幻覺，向他解釋當人類大腦出現偏執見解與看法時，絕對足以出現類似的超現實感受，但他卻指正我：「她還敲我窗戶，怎麼能說是幻覺？」他甚至還很想要和「她」當男女朋友．不論我如何解釋，他依舊認為那位美少女真實不虛，最後我只好放棄：「你認為是真就是真，無須取得外人認同。」看倌，你覺他所見是真或是假？

另外還有一個女個案，她經營部落格多年，在部落格中分享許多她與仙佛的互動，這些仙佛教導她靈修觀念與做人處事的道理。一次機緣下，她來上我工作坊的課程，中午休息時，我詢問瑤池金母此人的狀況，瑤池金母告知：「她有著類似雙重人格的意識（意喻腦中思想與現實生活無法連結）。」瑤池金母進一步解釋，任何修行都必須與生活緊密結合，一個人在生活上缺乏人際關係的認同，轉而投入另一個世界（如宗教、網路），久而久之便容易沉溺在腦中的世界，缺乏現實感，甚至出現似真似假的幻覺。經祂解釋我才領悟到，宗教修與生活修不可分割的重要性。

為了證明瑤池金母所言是真，我出了幾個題目請她當場詢問仙佛，她卻答不出來，我給了她一個臺階下：「可能太緊張了！」下課前我又出了幾個題目，請她下次上課再回答，結果她下次回報說，問了三、四天依舊沒有答案。我告訴她：「幻覺出自於大腦，一旦認定旁人無法印證，便會任由幻想不斷擴大。而今妳深知我這個出題者必然知道答案，就算真的有幻覺出現，妳也會懂得去收攝它，不再從中多做聯想。」趁此機會，我便將瑤池金母的話一五一十地告訴她。

另一個真實個案是一位女性來電詢問問事的細節，雖然我已在部落格和問事通知信中說明，但她卻像無頭蒼蠅般地一問再問。我心想，這位小姐如果常跑宮壇問事，生活中一定充斥著鬼神論。見了面，她鉅細靡遺地闡述過去發生的種種，諸如被某人下蠱下符、與主管之間的不和、婚姻上的問題、與小孩之間的衝突、懷疑有被對方下符、她的天線歪了（通靈能力不正）、她帶天命要為神明辦事……多年來，這些宗教、鬼神相關的言論不斷地往她身上掛，就像一顆空有裝飾卻沒有禮物的聖誕樹，只有好看外表卻對內心寧靜與生命瓶頸一點助力也沒有。她找了全國上上下下許多老師，就是沒有人有能力幫助她，所以才專程從北部下來臺中找我問事。

幾分鐘內，我不斷聽見她焦慮地抱怨人生中的一切，但對於她的問題，瑤池金母僅簡單地說：「你看不出來她的『心』已經生病了嗎？你講再多也無法改變她腦中的世界觀，她確實需要幫助，但她必須先學會自癒。」看來，強灌鬼神論給一個人，有時候只會亂了心性，如此一來，就算真的帶有天命，在內心未能平靜前，天命也只是一張空頭支票。於是我告訴她，給自己三個月不理會鬼、不管神，等心靜了再來找我。但是我想，離開後，她還是會繼續找其他人問事。

我是一個成長到某個臨界點就會停下來反思的人，這也是我最大的缺點——不容易滿足。

我從這群人身上不斷反思自己：何謂真實？何謂虛假？說穿了，每一個人的宗教觀，都只存在自我的腦袋裏頭，誠如《心經》上所云：「色不異空，空不異色，色即是空，空即是色，受想行識，亦復如是。」3

宇色OS小提醒

《榮格與密宗的29個「覺」》中提及：「精神逃逸看似『出脱』2，其實不然。我們都很可能展開其實是在逃避或假出脱的靈修道途，逃逸到靈修理想、靈修知識裏，渴望圓滿清靜，不受世俗污染……但其實代表著心裏始終有鬱結未解。避免情感關係、物質財物、工作、金錢和家庭責任，看起來像斷念，其實反映的是逃逸。唯有面對問題，處理問題，才能夠反制這種精神逃逸的傾向，真正的開始靈修。」

許多走靈修的人很容易有「唯有與仙佛世界接觸才是真正靈修」的錯誤認知，卻往往忽略了，**唯有將靈修上獲得的靈性成長落實在現實世界中，才有可能體現真正的靈修精神**，一味地活在飄渺不實際的鬼神、仙佛世界中，最終會迷失靈修方向，忽略了現實生活中的自我。**靈修最忌諱帶著一層面具，不願意看見現實生活中不圓滿的自我**，在我踏尋靈修的路上，所得到的最大體悟便是：「要將靈修所見、所聞拉回現實生活、省思內心的陰影，藉此微觀生命中發生的一切，勇敢且坦然地面對一切的挑戰。」

2 原指解決，在修行上有了脫、跳脫之意。

3 我在紅塵中是以二元來看待這個世界，分別（色）與融入（空）都存活在我們既有的意識中，創造出假有或妄有。

觀點左右了我們看待世界的角度，在之前，每當有人來詢問靈修、宗教、生活的議題，我總會直接告訴他們何謂對錯，什麼又是好和壞。但漸漸地，我開始學會尊重各自的經歷與感受，不再透過自己的經驗法則來提出建議，只會在聆聽之後反問他們：「你看見自己了嗎？」我清楚地明瞭他們不是真的這麼相信別人，只是希望在失去方向時，從我身上獲得一點認同罷了。

一個人若未有思辨能力及寧靜心，遍尋再多的修習方法依舊是帶著「臭味」，我們應該不斷自省，去除內心發臭的東西，才是修行的第一步。這些個案的故事不斷在我眼前上演著，讓我開始重新思考「心」對於修行的重要性。在他們身上我看到疑神疑鬼、邪見[4]、自我設限對心造成的荼毒，看別人的故事時，我們或許都是明眼人，當眼光轉向自己，我們又何嘗真正了徹於心？

有一天，佛教形而上學的知名女講師來拜訪阿姜・查。這位女士定期在曼谷講授阿毗達摩（論藏）和複雜的佛教心理學。在跟阿姜・查的對談當中，她詳細地說明了佛教心理學對人們是如何地重要，而她的學生又在向她學習當中受益了多少。她問阿姜・查是否同意這種理解的重要性。

他同意地說：「沒錯，是很重要。」

她欣喜地進一步問阿姜・查是否有推薦他的弟子學習阿毗達摩。

「有啊，當然有！」

[4] 凡是不合正法的外道之見都可叫做邪見，在此意為偏頗觀點。

她接著又問阿姜・查，他推薦他們應該從哪裏開始、或者有哪一本書、哪一種研究最好？

「只有這裏，」他指著自己的心說，「只有這裏。」

——摘錄自《寧靜的水池》

生死之間看見更寬廣的世界

二〇一一年我出版了一系列著作，《我在人間與靈界對話》、《學會塔羅牌的第一本書》、《當東方通靈人遇到西方塔羅牌占卜師》，也因為著作有了一點知名度，在北中南的社區大學及教育單位開始了一場又一場的演講。日子看似風光，我心中卻一點都不快樂，太容易心想事成也是一個靈修人悲哀的地方——帶先天元神[5]轉世走靈修的人，除了錢跟物質享受，其他方面都特別容易心想事成，想要有外遇就很自然會有小三出現、想要創業因緣自然會出現、想要開宮辦事也很容易達成、不好的念頭更是容易成真……也因此，一個瓶頸籠罩著我，我不想一輩子為人服務問事，也不想要開宮辦事，卻不知道未來的路該怎麼走下去。

同年三月我決定再度走入校園，因為靈修這一路走來，我看盡了宗教修行最終不離「心念」，包含我自己亦是如此，看不清自己內心的人，無法悟領更高層的靈

[5] 元神分為先天元神和後天元神，帶先天元神者無需外力介入或自我修持，便可能在因緣成熟下自我啟靈。

宇色OS小提醒

在靈修中我看見更多的人性，只要懂得它，到任何場所都很有幫助，**我一直把靈修當成精神食糧，補充我在生活層面的不足，最重要的是，它能讓我認清自己，不容易受他人左右**。也因為走了靈修，了解自己轉世原因及看透更多人們所不知的仙佛、靈界事情，自然能明辨他人言論，未來的路反而更加地鮮明與寬闊。

靈修依舊是我的最愛，在靈修中所磨練出來的意志力與堅毅力，也可以運用在現實生活上。繞了靈修一大圈，看盡人性也了解宗教背後醜陋的一面，令我深深覺得，當一個平凡人是一件非常幸福的事，**反璞歸真、回復原來的本質**，是我人生中很重要的一個目標。

性。另一個主因是，這十多年來，我在許多靈修人、通靈人身上，了解到：不去純正心念，靈修路上接收到的仙佛信息，都只會是心所投射出來的幻象罷了。所以我選擇就讀生死系研究所的生死教育與諮商，透過課程來幫助我更加認識自己的心。

我沒有向仙佛詢問過是否要再讀研究所，以及這對我有何幫助；我秉持自己的一貫原則——自己的人生自己決定，人生沒有絕對的失敗與成功，只有成長與經驗，願意接受自我挑戰就是一種成長。我認為，只要按照良善且積極的想法執行，祂們便會以寬宏的心來看待。我曾問過祂們：對於每一個人的未來有何想法？祂們只有簡單地說：「能做自己的人才是最快樂。」一個不認識自己、不清楚自己未來路的人，就算從祂們身上得到答案，也不一定會比較快樂，不是嗎？

更何況，進修也是一種後天學習，努力學習成長，才是開啟深藏元神無限智慧寶庫的途徑。

在這幾年為人問事的日子裏，我終於看清人們需要的不是神通、不是仙佛，而是認識自己。在研究所裏，我認識了各領域的同學，有護理人員、醫師、教師、撿骨師、殯葬業者、氣功老師、生命線志工……每一個人都帶著多年的社會經歷前來學習生死觀與諮商技巧，我暫時將靈修身分放一邊，與一群不同背景的人當同學，開始從頭學習認識自己。

人最怕的是自我設限，以狹小的眼光來看待三度空間及四度空間的世界，犯了認為自己就是最棒、自我感覺良好的大頭症。以狹隘觀念成長的人，會漸漸地失去自信，沒有自信就會開始批評其他人，甚至阻止身邊的人繼續成長，這是一件非常可悲的事情。換言之，每天不斷努力成長，就是要將學習領域擴展至不同的領域，學著去欣賞同領域與跨領域的優點；懂得自我反省的人，永遠也不會去批評別人，也沒有太多時間去評斷別人。

為了怕自己有一天犯了大頭症，所以在年輕時便要鞭策自己多努力學習。而努力成長，讓自己不斷地擴充腦容量的硬碟，甚至把自己升級成雲端科技般無上限，就能在未來世界中有無限的可能。電影《賽德克巴萊》的導演魏德聖曾說：「我們要看遠，把自己養大[6]，人家就會看見我們！」

連結鬼神和人性的眼鏡

很幸運的，我在研究所認識了一位專研道教思想多年的教授——廖俊裕教授，並在他的大學部課程中擔任助教。無論課堂上及私底下，他都不藏私地分享他所體悟的道家神仙學、養生學、生死觀、老子道德經、陰陽學；在課堂上，他也鼓勵我分享靈修觀、通靈觀給這群尚在尋找人生定位的大學生。

我在課堂上分享生命歷程、靈修觀點與生死觀時，不是告訴臺下學生太多摸不著與看不見的鬼神世界，而是拿一副「連結鬼神與人性的眼鏡」讓他們戴上，讓他們從我所經歷的過程中，看待自己所處的世界，藉此省思自己的人生與價值觀。

[6] 此指不斷地成長壯大之意。

我常在課堂上分享個案的感情、親情、事業故事，讓這些尚未進入社會的大學生們，可以提前思考他們即將面臨的問題。

記得有一次在南部某大學演講，我在臺上對這些大學生講了一句話：「古人言：『人無遠慮，必有近憂。』如果你在課堂上只專注在小事情，出社會後就會被大問題所困擾。」這裏所指的小事情是剪指甲、頭髮分叉、聊八卦，而大問題是就業問題、健康問題以及未來發展。

結束後校長祕書告訴我：「很謝謝你在臺上分享的那些觀念，這對他們而言有很大的幫助，趁早敲醒他們是一件好事。」

我常對走靈修有興趣的人講一個觀念：「你不走靈修不會少一塊肉，但是，如果你不做好人應盡的本分，就真的會少一塊肉，做好今世應盡的本分（親子關係、家庭關係、社會責任⋯⋯），臨終後你就可以拿一張八十分的成績回去交差了。」今世多認識自己，往生後便有機會看見真正的仙佛菩薩，既然如此，何必急著透過靈修與仙佛相應，甚至忘記了做人的本分呢？

11

獻給靈修人的真實告白

有人認為「唯有帶天命才能翻懂天文」，但我看過很多人不理會這些說法，一步一步地透過實修與靜心，最終得以了解自己所書寫的天文，不就代表解讀天文也可以靠「修」而來嗎？

自我開始決定以靈修為修行法門，至今已十餘年，我秉持的中心思想是：性命雙修。性為心性、品德與內在提升，命為健康、身體。簡單的說，一個好的修行者應該著重在良好的健康及品性之上，這是我個人的觀念。而更深一層的涵義是，做好人世間身為人的本分，比講神通更重要。

你的中心思想是什麼？

我近年來為人問事，碰過各式各樣的人，單就以通靈部分，我不得不承認有許多人直覺力、敏感度不在我之下。我遇過一個個案，她能講出對方的前世，亦能在無意識間說出對方即將發生的事情。也遇到一個個案每次到廟宇時，都會因為她的在場而使乩童身上的外靈退駕，就她所說，她的靈格很高，所以乩童身上的外靈都會自動離去。諸如此類的故事不勝枚舉，我聽完之後，心中只有一個感受：那又如何！

是啊，那又如何？講出對方無法印證的前世，對今世的修為有幫助嗎？靈格甚高，亦不等於今世的心性成熟到能夠解決人世間一切的問題。一切亦是從基礎修心做起，沒有人天生就有智慧，一切都是由「理雖頓悟，事須漸修」[1]而來。

對我來說，任何神通都應建立在啟迪心性之上，有一句話是這麼說：「法無高下，應機則宜；藥無貴賤，對症則良。」今世的任何能力，不論是有形或是無形的，都必須建立在幫助自己或他人解決問題，其能力又何須分高下？人世間的學術、見解，如中醫、瑜伽、健身等，不也各有各的門派之見？與其去爭論它的好及壞，倒不如去實修其中能讓自己受益的法門。

再說回來，就算是不能靈通的人，若能說出一句善意的話，幫助一個人開啟新的人生，難道不值得讚美與欣賞嗎？反之，若講出來的話對對方一點受益也沒有，不就等於白講？

我常常遇到不少個案跟我討論他們的宮壇、道場以及修行法門，希望我能給予一點建言。在這種情況之下，除非是遇到太過誇張的怪力亂神，不然，我的看法一律是：「在這個道場、法門中，你覺得自在、快樂嗎？一切依你的感受為主，所經歷的一切都是因我們的因緣而起，好與壞，無需由外人來評斷，而是由內在省思

[1] 出自佛教教義，修行貴在解行並重，理通事修。「理」是指道理，學道者應該契悟，不能絲毫含糊，一一洞徹事理，使內心無惑。這是由理而頓悟，頓悟並非證悟（以實修實證領悟之意），頓悟到證悟尚有一段距離，須實踐事相以透理，事相的圓滿即是道理的圓滿；如果僅是道理的通達，而不透過事相的修證，則永無法證成菩提。

而來。如果好，那就繼續實修它，如果不好，當初是自己決定進去，也就以自己的決定為主。」

在我的觀念中，實修比羨慕他人的修行更重要，引述一句佛教用語：「說食數寶。」指的是，看著菜單、菜色也不會飽，而數著別人的寶藏、錢財（好比銀行行員）也不會致富，所以，與其花太多時間去羨慕他人或期盼從他人口中得到答案，倒不如關起門來好好實修比較重要。試著比較一下，每天花三小時看別人的文章，與每天花三小時好好練氣功、瑜伽、內觀，十年後，誰的收穫比較大？

走靈修前，先問自己「夠力」嗎？

一個人如未經過真正修行（修正言行），能徹底改變原本心性的幅度並不大；反之，若能透過正知見的宗教實修，扭轉劣根性的機率便很高。但這又牽涉到一個人的實修程度與定力，尤其是牽涉到靈界、神通、鬼神、特殊體驗時，要能夠不受影響而又找到自我初心的人，真的是微乎其微——鬼神、靈通的誘惑力實在太大了！

我雖然不鼓勵人們走靈修，卻常收到讀者、網友的來信及留言，表示他們對靈修很有興趣，我常反問他們一個問題：「你覺得自己適合走靈修的原因是什麼？」

這是一個很現實的問題嗎？與其說是現實，倒不如說是希望每一個人認清自己適合的法門，而非只看到靈修的表面，就想要往這條路走。舉例來說，每一個人都覺得廚界的阿基師很有名、名模界的林志玲很有名、名牌界的LV很有名，但又有多少人可以與他們一樣？換言之，他們永遠只有一個，而我們不也只有一個？人生需要找到適合自己的定位，修行法門不也是如此嗎？

對於天命說，我曾與觀世音菩薩討論過，祂道：「真正的天命有五種，宗教、政治、教育、娛樂與商界。大部分的人來到今世，都是為了修正心性以及修習來到人世間磨練的原因，並盡到一個人基本的家庭關係（如親子、夫妻、父母等等）。」知道全世界有多少比例的人具有上述五項天命嗎？答案是個位數，再將這些個位數依比例分配到五個領域裏，數字更是少得可憐。如果你無法想像，把上述領域的名人一一提出來，如星雲法師、聖嚴法師、德蕾莎修女、天主教教宗、王永慶、郭臺銘……再想一想你和他們的距離，就有答案了。其實，大部分的人來到人世間的天命，都是做好本分與維繫家人關係罷了！

天命不等於生命藍圖，在此我並不是想否認生命藍圖的意義，而是提醒大家回歸初心[2]。別讓有心人以及自己的我慢，冠上一頂高帽子，蒙蔽了自己的修行心。

簡單地說，生命藍圖是來到人世間的目的，此目的多是在完成今世想要達成的心願，或藉外境來磨練自己的心性。而天命，除了自修之外，又牽涉到人與人之間更廣大的範圍；換言之，要扛起大負責、

[2] 最初的心意，此指回歸、了解內在的本性。

宇色OS小提醒

該如何培養宗教上的虔誠心？這是許多人最難以回答的問題，何謂虔誠心？燒香拜拜就是虔誠心嗎？求神問卜就是虔誠心嗎？其重點不在於形式，而是**以何種「心」來行這些儀軌**。

我從無數的個案身上，看到自己之前的影子——錯把好奇心當做虔誠。花錢上盡各式各樣的課程、找各領域的名師吸取知識、廣泛涉獵書籍、看盡網路文章……以為這樣就是在精進修行，殊不知，只是我們身處在知識爆炸，自我安慰、滿足私欲及好奇心的假修行。

大任務之人，必然從小受過不少的磨練，或是從小就擁有一顆早熟、企圖改變大環境的心。

在資訊爆炸以及自由意識的年代，「事在人為」的概念已經模糊掉天命與生命藍圖之間的界線。當一個宗教人士，就算不帶有宗教天命，也不難在宗教界混出一個名堂；出書、買電視或電臺頻道等，藉由種種宣傳管道得到了名聲後，便可將其修為搭上天命之說，不是嗎？簡單地說，有宗教生命藍圖的人（可以說是興趣或天分），再加上一點點用心，就很容易讓人分不清其成就是來自於天命，還是生命藍圖了。

我所說的天命是指大舞臺、大格局以及大視野，大部分的人都只是盡己所能，在自己的人生定位上努力。帶天命的人，大多從小就很艱辛，有時是家人離異、從小離鄉背井等等，因為受盡磨難，才奠定了後來堅韌的心性。

我不是要澆大家冷水，只是要提醒大家：連自修都做不好，談何天命？我從未在來問事的個案面前講過一句天命，也從不跟人說「你帶天命」，沒有沙何來塔呢？對一個小學生來說，且不管他將來是否能當上總統，硬要冠上未來有總統命，只是讓心智不成熟的孩子每天飄飄然罷了。每日想著「自己是帶天命轉世，要拯救世人當一個救世主」，不就像這種每日想當總統的小學生一樣嗎？本身定力不足，又被外人洗腦，是一件非常可悲的事。其實，人的定力相當脆弱，尤其是碰到鬼神論與宗教時，往往一句話就會把人的定力擊倒。

再舉一個例子，演藝圈有成千上百的藝人，但真正能夠成為一顆恆星者，又有多少位？大部分的人都只是對宗教、政治、教育、娛樂與商界深感興趣，但真正能從中出類拔萃、獨樹一格的又有幾位？人世間很多事情存在某種運作法則，如同天命說，絕大部分的人都是平凡人，能夠在各領域中佔一席之地的人微乎其微，一旦了解這個道理，就不容易因為他人說你帶天命而受影響。

靈修是一個很實際的修行方式，換言之，它不是你想要便可以獲得，因為它考驗了一個人：

①定力：你定力夠嗎？在靈修路上可以不受他人言語的影響而擇善固執嗎？我曾多次提到他人對於我元神的各種不同說法，假設我在十年前受到他們的影響，相信就不會有今日的感知。若你在第一步就經不起他人未經證實又無法印證的話，何必來走靈修？要培養定力，第一步就是把耳朵摀住；耳朵摀住，才可能聽見心的聲音。第二步就是減少不必要的耳語，佛陀教導比丘與比丘尼時，要求他們於托缽結束後就回到自己的草屋內觀，自己做自己的功課。為什麼？因為佛陀了解有人的地方就有雜音，雜音是阻礙修行最大的因素。

再仔細觀察，能脫穎而出的人，天資不一定最聰明，但至少做得到一點：不去管別人做什麼、說什麼，只在乎自己是不是夠努力。這不也是定力的一種嗎？

佛陀大弟子舍利弗對於其他出家眾做出要在生理、心理、煩惱、誘惑上獨處的建議。他教導說，生理的獨處是導致心理獨處的起因，而心理的獨處則是遠離煩惱的起因。南傳禪師阿姜・查說：「如果你的心平靜，你便可安住在任何地方。」今天，或找任何一天，遠離城市打坐吧！試試看一個人獨處，或一個人到恐怖的山頂，那麼你便能開始體會，「注視自己」是何種感覺。

②智慧：很現實的一件事，智慧絕對非與生俱來，有人活了一輩子依舊沒有智慧。佛光大學慧開法師對戒定慧「三學」做出以下解釋：

戒：修證的基本功夫，攝護六根，不侵犯他人，慈悲一切眾生，能使身心輕安，且能控制情緒，扭轉習氣，令煩惱不易起現行。

定：修心之禪定功夫，降服妄想與焦慮；收攝身心，治散亂與懈怠；心念能止於一境，令身心自主。內聚心力，能止息煩惱。

慧：修慧之功夫，能觀照自心，開發智慧，通達因果，抉擇真妄，身心自在解脫。運用觀力，能勘破煩惱。一個人想擁有智慧，暫且不論三學，擁有基本的判斷力與思辨力，透過後天觀察覺知人情世故與宗教，達到內心靈性的提升，這也是一種提升內在智慧的基礎。

③毅力：淨空法師曾言：「真修行，十年、八年決定成就。」換言之，以十年為實修者，在十年中會有成就與收穫。修行不同於學習某一項技能，完全須從身口意入門，是一項心靈交會與融入的學習，而轉變的各階段：「入點」、「探索」、「整合」到「同謀」，從一開始的入點到同謀，因個人的學習狀況與生命歷程而不同，大約需五到十年的時間。靈修者經過了十年的穩定學習，亦會逐漸地了解此法門是

否適合自己，摸索、整合到最後認同並融合為一。當然，如果你白認天賦異稟，那就另當別論。我在靈修課程中，每次上課都會問一句話：「你拿多少年來走靈修？一年、二年還是半年？」這句話，你可以好好想一想，坊間速成班的修行，**最終只是自欺欺人罷了**。

④**平常心：**這是最難也是最簡單的心態，太多人都是被這點考倒。人生難免有高低起伏，**遇到挫折可以愈挫愈勇，而不將一切的失敗歸咎他人、祖先、業力，一切回歸自我內心，便是平常心**。請問，你可以做到嗎？

也有人會說，就是不夠好才來靈修、改變心性啊！如果真是如此，為何不選擇簡單且專一的佛法內觀？透過內觀達到明心見性，絲毫沒有鬼神論、沒有業力論也沒有主神論，一切以自修、內觀以及覺察為主。靈修路上充滿了人性、鬼神及虛假信息的考驗，真真假假有時真的很難分辨，說穿了，靈修路上真正可怕的，不是外來的魔考，而是對人性的「磨考」。

正因為網路上把靈修講得太誘人，充滿神話故事題材與天命之說，才讓一些人選擇這條路。寫這麼多是想要提醒大家，鬼神論的靈修文章看看就好，若太專注於其中，只是讓自己的心與現實愈離愈遠。偶爾也該停下來，看一看自己的腳下，你的腳步踏實嗎？不要把專注力放在眼前而忘了腳下的危險。

我常講，靈修背後的智慧已經超乎常人所能想像，至今我還有許許多多無法參悟之處，但靈修瓶頸不在於靈界奧妙的探索，而是在於我們是否真的願意面對自己。靈修本來就是自我修行的方式，如果它必須依循某人、某教派的論述為主，豈不是變成師徒制、神權論了嗎？

我想要表達的一點是：任何的修行方式應是要讓我們認清自己、看清自己的內在本質，以達到明心見性及自在境界；反過來說，不認識自己內在本質的人，又如何談論修行兩字？

曾有女讀者的來電，她與先生育有三子，分別是讀國中的老大、讀小學的老二，以及三歲幼子。先生沉溺於宮壇靈修中，威脅她：「要保婚姻長久，就要和我一起到宮壇修行。」每週一、三、五晚上陪先生到宮壇為主神及信徒服務，每週二、四、六晚上要陪先生在家中佛堂打坐，僅剩下週日能陪小孩。當她反應小孩沒人照顧時，先生回她：「宮壇主神會因為我們的誠心而照顧他們。」

我問她，夫妻兩人去宮壇服務時，誰負責照顧家中三個小朋友，她告訴我：「老大照顧老二，老二照顧老三。」當生活不順時，先生會兇她：「就是妳對修行不夠虔誠，生活才會不順遂。」她在電話中問我該如何勸老公回歸生活，而不是一味地服務主神，卻忽略了照顧小孩。

我無奈地告訴她：「仙佛無須你們護持，少了你們，祂也不會倒，但是如果小孩少了你們，就有可能在日後出現行為偏差，不要忘了，國中正值青春期，小學與三歲小孩都是須要父母陪伴的年紀。小孩變壞了，仙佛不可能跑到他們面前去教導他們，小孩餓了，宮壇的仙佛也不可能穿起圍裙，下廚煮飯給他們吃。」最後我告訴她：「不要讓鬼神凌駕生活，當修行失焦，生活著重在鬼神之間時，最終要承擔苦果的人是自己，而不是仙佛。」

看完這段故事，你一定覺得很不可思議，但仔細一想，或許你自己、身旁親友也正發生著相同的狀況，錯把假性修行當成修行而不自知。

靈修無捷徑，一步一腳印

在走靈修的初期，必定會遇到幾個瓶頸，例如：

①無法看懂天文。
②不知為何靈動。
③不知如何將靈語翻成白話。
④對於漫無目標的靈修感到空虛。

宇色OS小提醒

有人問我，如果不知道自己有緣的仙佛是哪一位，該如何培養虔誠心？與祂們都沒有感應，又該如何學習祂們的精神？

其實，**願意花多少時間去面對自己，就有多少機會與祂們心靈接觸**。如果你以為，要先親眼看見瑤池金母，才能認定祂就是主神，那麼在這種心態之下，你便很難看見祂們。一顆未培養正念、虔誠的心，有可能與祂們同在嗎？**仙佛不在天上，而是鮮明地活在你心中**。請捫心自問，有把祂們的精神貫徹在生命中嗎？

一個人要去看醫生前，應該有一個認知：我的病要看哪一科才對。你心臟有問題，應該不會跑去泌尿科，這個觀念很簡單，卻有很多人做不到。就算找對了醫生，有人也只是「看醫生、拿藥、保平安」，絲毫不改正自己錯誤的生活習慣，就像有人因喝酒得到肝炎，但看了醫生後，依然克服不了酒癮，還是每日喝酒，終究解決不了身上的疾病。

將以上例子融入信仰中，選擇宗教、修行方式之前，必須很清楚地知道，你生了什麼病，再進一步去了解哪一科可以解決你的問題，選擇了科別後，再來就是服藥以及日常生活的保養（實修、苦修與下定苦心從戒定中得到慧）。不要盲目地只想從別人口中得知自己的主神是誰，我相信，如果你願意花時間靜下心來，一定可以找到答案。

甚至有人希望自己的主神能給予他們生命實際的幫助。對於那些希望透過點靈認主讓生活更順遂的人，我常分享一個觀念：若點靈認主就能一帆風順，人生還有啥好玩的？

而對於天文、靈動等，我也常提醒大家，勿將神權論的觀念放在心上走靈修，如「唯有帶天命才能翻懂天文」便是一種神權論，完全就是無稽之談。我看過很多人不甩這些說法，透過實修與靜心，一步一步地了解自己所書寫的天文。天文是靈修的一部分，修行之事任何人都無法代勞，努力多少實收多少，無任何捷徑。若按照一般宮壇的作法，寫完天文後便將之燒化，呈稟玉帝、天庭；以這種方式修行，就算過了五年、十年，也依舊不知天文內容為何，以著重形式的方法走靈修，最終便是如此。如果靈修如此簡單，就不會有至今如此多元化的呈現了。

宇色OS小提醒

我常常以一個觀念提點來找我問事的個案：「想走靈修是滿足私欲的類修行[3]，還是想在生活中尋求一種腳踏實地的修行？」正閱讀此文的你，也可以好好地想一想：「如果有一天你即將死了，躺在床上，你最愛的人全都圍繞在身旁。你的意識逐漸模糊，耳朵也漸漸聽不見旁人的聲音……這時候，請仔細地想一想，你希望哪一尊仙佛來救你、陪伴你，帶給你一絲絲的安全感呢？」

每個人都能說出心目中最景仰的仙佛是哪一尊，但是當我問「是否了解祂們的精神，同時在生活中去貫徹它？」時，他們卻都搖搖頭答不出來。

日常生活中，你是否有花時間與信仰的宗教、仙佛同在，還是只把祂們當成逃避內心陰影的藉口？請檢視一下，你是不是有以下狀況：

◆我怕死，所以我要口口聲聲念佛號。
◆我怕下地獄，臨終時我要改信基督教，因為信耶穌得永生。
◆我業力很重，所以要常常花錢做法會消業力。
◆我曾拿過小孩，所以要常念佛號來渡化無緣的孩子。
◆我想要與眾不同，聽說常念經、走靈修、靈動就會有神通。
◆我走靈修，是希望有仙佛護祐，人生一帆風順。

你接觸宗教是不是隱藏著「以物易物」的想法？如果你是真心的信仰，就會想去了解信仰真正的精神，時時刻刻將祂們的精神貫徹在生活中，把祂們的善心、善念、善行一一地複製在自己身上。

3 類似修行，以類單眼的概念來形容時下衍生出來的修行方式。

坊間的靈點認主亦是如此，我可以拿香、金紙在人的身上畫來畫去，告訴人我在幫你點靈，這樣你就可以了悟一切，但這其實全是假象。

形式修行我也會，但對一個人的幫助又有多少？靈修要訣「欲求而不得」，心愈急、愈想要、愈執著的人，永遠也不可能進入靈修核心；急就是執著，人世間的事物有時執著可以取得，但以此心走靈修，最終吃虧的還是自己，靈修必須放下貪、執而了悟一切。

靈修苦不苦，我在《我在人間與靈界對話》序言中有提及靈修要訣：「有為為體，無為為用，以元神為主宰進行修鍊，有為是後天，無為是先天……」靈修不在於學多少道術或接多少旨，帶著一顆不成熟的心，就算仙佛在眼前，也無法與祂們相應。

一位年近五十歲的個案曾前來諮商，希望能以靈修為修行法門，而他本身已接觸佛教多年。我建議他，任何宗教只要是勸人為善，都有助我們靈性上的提升，考量到距離及時間配合等問題，建議他以本身佛教的方式修行即可，勿因閱讀了《我在人間與靈界對話》而對靈修產生諸多美好的聯想。對於一個人是否要走靈修，仙佛的態度是隨緣，一個有心入門的人，仙佛便會盡其所能給予協助；就算是帶有太多執著的人，祂們依舊會盡力給予幫助，畢竟修行成果並非祂們所能操控，靈修有靈修上不可跨越的法則，假使連祂們都無法改變靈修法則，其他人又有什麼能力越俎代庖呢？至於如何看待他人的靈修，祂們僅提醒我：「帶一顆虔誠心及平常心的人，元神自然會引導他們有更多的學習，而太多執著與放不下形象、地位的人，就只會永遠在原地打轉。」

會靈動的人就是在走靈修嗎？啟靈後一定要以靈修為唯一修行方式嗎？答案是未必，它只是踏入靈修的敲門磚，進入了門檻後，尚有一大片常人所想像不到的領域，等著我們用心去發掘。要嘗試走靈修的人，先捫心自問：我夠平常心嗎？

後記

有人問過我，走靈修真正的目的是什麼？我個人認為：接受、正視自己的缺點並改變它。

靈修是一種自我挑戰

認清自己的缺點、盲點和心性很簡單，每一個人都知道自己的問題出在哪裏，但在認清後能接受它並扭轉它，又有多少人可以做得到？假使一個人從出生到結束人生旅程，都一直以逃避的方式來看待自己，又如何能乞求未來有更好的格局？我相信掌握未來的基本條件是——

是否願意改變自己的心性。

過去的一切是心性的足跡，未來則是過去的延伸。如果你對過去不滿意，相信也一定不會滿意未來的路，除非你能改變自己的心性。

我對想要走靈修的人講過一句話：「不要認為走靈修就是通靈、與神溝通，更不要把通靈辦事當成走入靈修道途的終點站，在未了解自己以前，追求其他的神通都只是空談。」

能感應到能量、氣場甚至看見鬼神，都只是一個特殊經歷，不需要在生活中去放大這種感受。

在靈動中，可以觀察一個人的心靜與專注力；從天文中，也可以檢視一個人的腦中是否有太多雜念。如欲在靈修中精進，就要學習在靈動後靠自己書寫出靈動的過程，並靠自己去解讀它；這對許多未曾寫過天文的人而言，或許是一種挑戰，但是，修行本來就是一種自我挑戰。

網路上常常有人講：「天文是寫給神看的，我們不用懂！」如果連自己寫什麼都不知道，走靈修不是很虛幻與空洞嗎？再者，能寫出天文也未必有用，如果無法將訊息在腦袋中翻成中文，也不過是寫出一堆意義不明的雜訊；此外，就算翻成中文也未必是真，有時只是潛意識的發洩，未必是真正的天文內容。

這麼多人喜歡接觸靈修，是因為它充滿了神祕感，但如果要真正用心在功課上，大家卻會選擇逃避。認識自己、接受自己、改變自己，本來就不是一件簡單的事情；學員寫下天文後，發現自己無法翻出來了，雖是常態，卻不能當成習慣。

每一個人的內心都存在某種陰影，正視它並改善它的人，才能在靈修路上有所謂的修心。假使你不去改變它，你的靈修路就會留在原地。

不要把神通當成寶，真正踏在靈修路上的人是發自內心的謙虛，古話說：稻子成熟頭就下垂。懂愈多的人愈謙虛，而愈謙虛的人才能學習到更多，這句話大家都懂，但真正做到的又有多少人？

帶先天元神轉世也是麻煩事

很多人會羨慕走靈修的人，認為他們與仙佛的距離比一般人近，還可以知道前世轉世的原因，好像是蠻「屌」的一件事情，其實，帶先天元神轉世的人有很多麻煩之處，只是大家不知道罷了，有些帶先天元神轉世者甚至身處其中還不自知。

①餓不死也吃不飽：這是帶先天元神轉世最大的特徵，很多人走靈修都想要榮華富貴，偏偏修行的目的是跳脫輪迴與紅塵之苦，第一步就是要捨下物質與執著。我看了身邊許多靈修人，都有這種特質，有一次我問瑤池金母：「我怎麼都不會有錢？」瑤池金母只回我：「有餓到你嗎？」

②沒本事作壞事：別人海內外有小三，十多年都平安無事，你只要一偷吃就會被老婆發現；明明前車闖紅燈沒事，你跟著闖就會被捉包，要是跟警察辯解怎麼不捉前面那臺車，警察不是回：「我剛停好車就看到你闖紅燈。」就是說：「我在摳眼屎沒看到。」為什麼會這樣？就是要你不做壞事，這答案夠清楚了吧？轉世在人世間，真的很容易犯錯，只要你一犯錯就被捉包，以後你還敢做壞事嗎？

③從小特別倒楣：關於這一點是不是通用於每一個人我不知道，但我從小真的就是如此。比方說，和老哥出去玩，他騎腳踏車差點被車撞，回家被扁的人卻是我，理由是把腳踏車騎出門的人是我；期末考考會計，斜對面的好心同學硬是要把小抄傳給

我，我頻頻打pass表示我不需要，沒想到紙條剛丟過來就被監考的學長看到，當場捉包並以零分計算，我聽了差點哭出來，只好回家求母娘幫忙。對壞事起心動念就會出包，是要約束我們的心性，從小學會平常心與守本分。

④從小養成獨立的個性：就我所見，有不少靈修人從小就離鄉背井到外地求學、工作，原因似乎是要從小培養獨立的個性，不能只當溫室裏的花朵，反倒要我們看盡世間百態。我從國中畢業就到外地讀書，要說不愛被管也好，喜歡獨自一個人也罷，反正就是沒有當啃老族[1]的命。

⑤從小就覺得人生很苦：有人可以享受無憂無慮的童年生活，偏偏有人從小就覺得生活無趣，只看見人世間悲苦、消極的一面，很難與大家融入吃喝玩樂的生活，也可以算是早熟的一種表現。

⑥特別容易心想事成：這算是麻煩事嗎？如果有一天你能心想事成（除了變有錢），你會發現心想事成真的很麻煩，比如缺男、女朋友，只要想就很容易有對象出現，然而是正桃花還是爛桃花就不一定了；又例如工作，想要做什麼，就比一般人容易進入該職場，不過適不適合也很難說。此外，還有一種希望最容易實現，那就是見到「想見的人」，只要一直想見到某位久未聯絡的朋友，過沒幾日，不是接到對方的電話，就是會在路上巧遇。但心想事成真的好嗎？有一次我突然好想養大型犬，尤其是哈士奇和拉不拉多，某天在公司午休時無意間說出這個願望，沒想到同事立刻表示，他朋友家中剛好生了一堆血統是「哈士奇＋拉不拉多」的狗狗。這也太巧

[1] 依賴父母或是家裏蹲的人。

了，但話已經說出口總不能收回吧？於是，那隻從幼犬時期就超大隻的大型犬一週後就來到我家了。牠的大便常常要花掉我近半包衛生紙，我的房間、床和衣服都變成牠的玩具……從牠來家裏就是我惡夢的開始！最後，因為沒時間照顧，加上房間又不夠大，只好送給一位朋友。這件事情之後，對於心想事成，我有一個心得：先認清自己是否真的有此需要，不然只是麻煩的開始。

⑦家中經濟支柱：最後一點並不是每一個人都會發生，但就我所知，比例也不算太少。明明家中兄弟姐妹眾多，但一遇到錢的困難，第一個想到的人就是他，有時偏偏還不得家人疼。有不少女生嫁出門了，娘家需要錢時還是會向嫁出去的女兒拿。

以上七點，僅是我個人觀察到的結果，並非人人皆是如此，我想要提醒大家的是，靈修這條路確實不好走，有些帶先天元神的人一出世，遇到的生活瓶頸便比一般人來得多。暫且不論帶先天元神的人是否要走上靈修這條路，能夠以正面、積極的態度來看待生活上的不順遂，相信便能夠對心性產生很大的幫助。

Part2

關乎人鬼神

Q1 真的有狐仙存在嗎？

蛇精白素貞修鍊了一千五百年，也僅僅是化為人形，哪來這麼多修鍊成仙的狐狸？

有一次看到靈異節目播出某知名通靈大師上山捉狐仙的片段，對於節目上，那些通靈大師所講的內容，我一般只抱持參考的心態，一方面是無可考究，另一方面是深覺有些故事是因應觀眾的重口味而衍生出來的。

我看著電視螢幕上，那位通靈大師帶著攝影團隊來到偏遠的山區捉狐仙，他拿著五令旗遙指遠方：「這裏就有狐仙了。」他揮舞著手上的五令旗，開始喃喃自語，並且燒起金紙：「注意看！狐仙會出來。」我眼睛緊盯著銀幕，深怕大師口中的狐仙會從眼前溜掉，沒多久，他對著鏡頭說：「有看到嗎？剛剛祂有來！你有拍到嗎？」緊接著影片就倒帶了一次，在畫面中，只看到一道白白的影子飄過。通靈大師解釋道：「剛剛那就是狐仙了，但狐仙看到我所以跑掉了。」

我心中充滿了疑問，不知道是該將狐仙定義成神仙、鬼或妖？也許我是大近視眼吧，整段影片中，我沒有看到任何人形的狐仙跑過去；再說了，狐仙看到他為什麼要跑呢？

以動物修成仙來說，第一步至少要先修鍊抗衡先天本命（壽命）的侷限，能夠通過這一關的動物少之又少，你有聽過蟬仙、鍬型蟲仙、草履蟲仙、彈塗魚仙嗎？很少吧？這些昆蟲、動物的壽命短則幾日，長則不到一年，連修鍊的時間都不夠，要成仙的機率更是少之又少。成仙至少要有近千年的時光，光憑這一點就淘汰掉了不少生物。以狐仙來說，狐既稱為仙，必先經歷過化成人形的階段，這已需數百年甚至上千年的時光。聽過白素貞與許仙的故事吧？白素貞修鍊一千五百年只是化為人形，尚未達到仙的階段，就已經如此厲害，若真的成仙，能力豈只如此而已？

因為居住環境與飲食習慣的改變，現在人類在術法上的修鍊，實在很難與幾百年前的古人相提並論。據古書記載，光是道家成仙，便衍生出各種的修鍊法，例如煉丹、服食、吐納、胎息、按摩、導引、辟穀[1]、存想[2]、服符[3]……等，以上這些又有多少人真的做得到？事實上，光是靜坐三至五天的入定實修功夫，能做到的人就已寥寥無幾。

此外，狐仙既然稱為仙，一般人豈能與祂們平起平坐，更遑論要「捉」狐仙？法海要捉一個化成人形的蛇精白素貞，就費了九牛二虎之力，何況是要對抗成仙的狐？換一個角度想，人類輪迴幾百世也還不見得能修鍊成仙，而狐要跳脫畜生界修鍊到仙，少則幾百年，上則幾千年——有時人類真的太小看狐仙兩個字了。

坊間供奉狐仙廟與拜狐仙的地方，大多不可能是狐仙棲身之處，對此，祂們曾告訴我：「狐仙一族愛好幽靜，在臺灣的環境中，祂們的居住之地大多不是人類能輕易抵達之處，有些狐仙選擇修鍊的地方甚至數年不見人類蹤跡，不是隨便選一處荒郊野外，就可以找到祂們的蹤跡。更何況狐仙生性敏銳，一旦聽聞人類的聲音，就會馬上遁身而去，一般人又如何能輕易看到？」

狐仙幻化成人形的傳聞自古就時有所聞，只因地理環境的改變，加上人們居住的地方開始遠離森林、高山等自然環境，狐仙幻化成人形來到人們居住之處的機會是愈來愈少了。

[1] 指不吃五穀雜糧的方式達到修鍊成仙的境界。

[2] 又稱為存思、存神，即指冥想諸神仙佛之形象。在道家養生中，則是將存想運用在健康上，可利用觀想經絡流暢地運行，擴大氣血之循環。

[3] 指服食符籙。在道家成仙術中，服符又與服氣、服藥、辟穀密不可分。

Q2 給仙佛認契子，人生就會比較順利嗎？

修行不是為了和仙佛攀親帶故，而是學習祂們的精神。

收契子是華人世界特有的民俗信仰，至於原因可分為「歹育飼」、家中男丁不旺、家族或地方上的傳統習慣等；尤其早期醫藥不發達、小孩出世批八字時被告知「歹育飼」，作父母的便會把孩子給神明或家境較好的人做契子，希望在神明的照顧或好人家的德蔭下，孩子能健康的長大成人。

給人做契子的形式較簡單，給神明做契子就複雜多了。

在給神明認契子時，選的神明多是我們耳熟能詳、平日就親近的神尊主神，例如關聖帝君、觀音媽、媽祖、三太子、濟公等。一般要準備豐富牲禮，再附上小孩及家長的生辰八字，經過三個聖筊允許後，再求一個香火袋給小朋友掛，才算完成認神明為契父契母的儀式。讓神明認了契子後，還要記得在每年神明聖誕之日，準備水果及供品回去上香，換一個新的香火袋回來給小朋友；等小朋友成年之後，再簡單做一個向神明表達感謝的儀式。

這種臺灣民俗信仰大多建立在父母疼愛子女的心態之下，不論是小孩或大人，都能因此得到心靈上的慰藉。然而演變到後期，逐漸成為宮壇神明與信徒之間互動的模式，不少宮主、老師假借神明之旨意，告知當事人神明要收他們為契子或契女，認了此間神明為契父、契母，日後就要為宮壇效忠服務，如此作法實在有點扭曲了早期認契子、契女的良善出發點。

神明是否會主動認信徒為契子契女？這的確有待商榷。以投入宗教之人的心態來說，每一個人內心都會希望與眾不同，聽到自己與某某神尊有緣的說法，會讓人產生一種別於常人的優越感：「原來我與神是如此親近！」

想要更親近神明的心態，其實存在於大部分的神職人員或信徒心中。一些宮壇的乩身或老師也會利用這樣的方式，讓信徒對道場產生更大的凝聚力，而一般信眾也確實會因此對神明或宮壇更有向心力。

有人還會稱仙佛為父親或母親，像我們常會聽到「我之前是玉皇大帝的女兒」之類的話，或是「我的玉皇大帝爸爸」、「我的觀音媽媽」等，請容我說一句：「要真是如此，今世的爸媽不就和祂們平起平坐了嗎？」那祂們不就要跟著我一起叫今世的祖父母「爺爺、奶奶」了嗎？這樣似乎有違倫常。

不論某一世是否為仙佛的兒女，修行應是向祂們學習精神，而不是攀緣[1]。現實生活若充滿太多無形的鬼神論，很容易讓心跑掉而忘了修行的初衷。

[1] 攀指主動性地依賴、依附，進一步解釋是指藉外緣來滿足自己內心的欲望。

Q3 父子相欠債，是真的嗎？

靈修重的是人的心態，而不是費心去探究因果、八字、祖先問題。

曾有一對家長對我說，家中育有兩個男孩，老么從小對家人的態度就很不友善，常對父母親說出不禮貌的言語。二十多歲退伍後，他留在家裏工作，但父親認為家業已是夕陽產業，在望子成龍的心態下，希望他趁年輕出外打拼；但他卻怪罪父親未把家業做大，害他不能有好的家世背景。

么子有一度找不到合適的女朋友，還反過來要求父親為此負責，幫他找女友；經家人介紹後交往不到幾個月就鬧分手，因為女方認為男方個性不好，不適合繼續交往。兒子卻認定分手原因是自家不夠有錢，偏偏女方的前任男友家中成員是南部某議員；他甚至要求父母親親自南下向女方求情，要求復合……就這樣，最後演變成兒子不與父母往來，甚至連電話都不願意接。

父親無奈地表示：「說來不怕你笑，我曾被他揍過一拳，也曾經在他面前下跪，希望他能好好想一想，不要再亂發脾氣。」

某老師說是因為祖先牌位出問題，干擾了親子關係，花幾萬元祭改就可以改善。但幾個月過去了，小孩與父母的關係依舊如此……

這不是我第一次聽到類似的事件，最倒楣的還是祖先，都死了N百年，還要被挖出來怪罪一番，如果老祖先顯靈，可能會說：「我都投胎不知幾十回了，還管你們家的事！」

中國人特有的風水、八字、姓名，真的可以幫忙教育小孩嗎？我個人認為這是把老祖宗過度神化的結果，這些東西確實可以輔助解決問題的一小部分，然而八字老師說是八字出問題、姓名學老師說是姓名出問題、風水老師也說是陰陽宅出了問題，到底聽誰的才準？

曾有家長拿著小孩的衣服給我收驚，希望處於叛逆期的孩子能乖一點，做完後我也叮嚀她一些教養上應注意之處。事後她很開心地告訴我，這陣子小孩真的乖很多，也常常準時回家吃飯，我語重心長地告訴她：「不要高興得太早，術法只是一時的幫助，不可能維持一輩子，身為母親應該好好想一想，在教育上、親子關係上是否出了什麼問題，然後趁這段時間好好修補才對。」憑良心講，如果術法可以解決教育的問題，我就可以當教育部部長了。

術法必須建立在福報與智慧上，無形的力量可使事情暫緩惡化，讓我們有喘息的時間，但我們更應該把握這個時間反思自己的心態及處事角度，而非一味依賴無形力量，怪罪因果、祖先。

今世出現婚姻、親子、婆媳、朋友等問題，都是一世又一世的因緣聚集、環環相扣而成，不論是因果還是業力，都已經在今世構成了眼前的人事物。既然如此，那就用後天智慧，以及宗教上得到的精神依靠來解決吧！今世之事，就要從人的層面去思考及解決，須培養智慧、福田以及慈悲，才能跳脫世俗的眼界，用平靜心看待本身的問題。

聖嚴法師心五四運動中的「四它」，是教導我們正視問題很好的方法：面對它——正視困境的存在；接受它——接受困境的事實；處理它——以悲智處理困境；放下它——處理後心無牽掛。

Q4 真的有高山魔神嗎？又該怎麼避免？

隻身一人往深山跑，該擔心的不只是遇到魔神仔。

魔神仔，在臺灣民間信仰中最常出沒在深山中，或人煙稀少偏遠的山區、海邊。被魔神仔捉走的人被發現時，嘴裏往往吃著蚱蜢、牛大便、乾草、昆蟲屍體等東西，清醒後則會說是有人請他們吃雞腿。對於魔神仔的身形則說法不一，有人說像是魔戒裏頭的咕嚕，但不像咕嚕光溜溜，而是全身長滿了毛；也有人說它們有著中年婦女的外形，專門誘拐迷失的人。

近幾年有不少關於魔神仔的新聞，有興趣的人上網搜尋「魔神仔」，就會有不少相關的網頁和傳言了。老實講，我這輩子還沒有遇過魔神仔，但仔細分析這類型的新聞報導，我並不認為全部都是魔神仔在作祟。

魔神仔從古至今便流傳於民間，但並非每一山難、迷失事件都可以推給倒楣的魔神仔。玄祕之事，我們只能以旁觀者的角度，將當事人所言的境去做各項分析與推測，但卻往往忘了情境的產生與當事人內心的需求、潛意識運作息息相關。自然界的山、花草、湖泊、樹石、風沙等自然景觀，在無人類的電磁場及外力干擾之下，自然而然便會交織出屬於自然界的能量場。在山間迷路或是遇到山難的人，處在未知的環境中，內心除了恐慌之外，也充滿了「食」與「求生」的渴望，再加上處於一片複雜的能量場中，自然便會受到影響，產生各種無法想像的奇觀異境。

有人說發生山難是受到大自然氣場的影響，也不諱言有些的確是魔神仔導致，為什麼如此說？

魔神仔或魑魅魍魎必須生存在空曠的環境之下，因為大自然的氣場不若大都市充滿電磁波的干擾。大都會區裏頭之所以較少出現魔神仔的傳說，是因為人與人之間交織產生的能量場多半是理性的，人群聚集時產生的腦波會與大自然的氣場相抗衡，人類產生的幻覺就不會那麼明顯；就算真的有魔神仔，也會因為都會區充滿了人類特殊的氣味及氣場，削弱它們出現的機率。

至於老人、小孩特別容易見到魔神仔，甚至被抓，是因為這類型的人精神力本來就不太穩定，很容易受到大自然氣場的影響。當然，若處在山區人煙罕至的地方，就算是成年人也會有遇到魔神仔的機會，大自然所產生的氣場，再怎麼說都會比成人來得強大。

魔神仔須在人意識混亂與混沌不清時出現，祂們會以意念與當事人溝通。真正遇到魑魅魍魎之人，對於眼前的實境看不清楚，甚至在搜救大隊出現時，當事人也會視之不見、聽之不聞。

魔神仔並不是鬼魂或是妖魔，而是大自然底下的產物，在人煙稀少的大自然中，日月山水雲霧經過幾千年的過程，自然會產生一種靈識。我對於人類膜拜自然景觀很好奇，去了臺南知名的水火同源觀察後才得知，水火同源本來就是山區自然產出的靈識，經後人不斷膜拜後聚成一個有形的神祇。像宜蘭縣冬山鄉梅花湖上，三清道祖道教總廟後頭的龍泉水亦是如此，一開始只是山間所產生的靈識，經過千百年後，因緣之下巧遇三清道祖廟選蓋於此，才命名為龍泉水，差別只在於魔神仔乃自然衍化而成，沒有人在膜拜。

魔神仔有一個特殊的共同點，就是它們不會離自己的領域太遠，北投的魔神仔不太可能跑到屏東或南投。區域性所產生的自然氣場，有著不可分離與切割的特質。

要避免登山時遇見魔神仔有幾個方法：

①登山時最好是一群人出遊，盡量不要脫隊，就不太可能遇到囉！

②登山前可以在入口處拜一下山神、土地公，入山後不要在山區鬼吼鬼叫、開玩笑，保持尊敬心。

以上提醒都有一個共同點，就是讓意識保持清楚，人多膽就大，意念強便不容易受大自然氣場所影響。至於登山前拜拜，則是我從一名個案身上了解到的道理：

她和幾位登山社的朋友去登山，其中一條路線須穿過瀑布底下的小徑再向上攀爬（聽起來就很刺激）。據她描述，穿過小徑時瀑布非常靠近人身，當全部隊員攀爬過一小段路後，才發現她脫隊了，找到她時，發現她單腳深陷到瀑布底下的石洞中不知多久了。

礙於小徑狹窄，寬度僅能容納幾個人，因此救援進度十分緩慢。瀑布的水一直沖，一分一秒過去依舊無法將她救起，她認為自己大概會葬身於此！念頭方落，難以置信的事情發生了，她的腳突然被拔出，事後回顧脫困那一刻，才知道活著真好！回家當晚，她在尚未入夢之際清楚地看見一條碗公大的蛇從床沿攀爬上來，超級大的蛇頭伸到她面前吐信，待她再仔細看，蛇已經不見了。以後每隔幾晚，此蛇總會出現在睡夢中，甚至連平日裏，她都一直覺得此蛇跟在身邊。

我問她那條蛇出現時很清楚嗎？她非常肯定地說：「很清楚的一條蛇，絕對不是在作夢。」我問她會害怕嗎？她回答：「不會，那條蛇好像不會傷害人，似乎是在守護我。」她問我，當時在瀑布底下被救起是否與此蛇有關。我向祂們詢問後得知，蛇確實不是來傷害她，而是來守護她的，但被救起之事卻與蛇無關，而是一尊土地公出來幫忙。於是我問她，登山前是否有拜拜過？她愣了一下才回想起，登山時巧遇農曆七月第一天鬼門開，按照民間習俗，這段時期應減少戲水、登山活動，但礙於活動早在幾月前報名，只好如期參加；雖然她並不相信農曆七月的諸多禁忌，但為了讓家人安心，才會在出門前專程到住家附近的土地公廟拜拜，祈求登山順利。在當天安全回來後，便準備了素果，到土地公廟感謝祂的幫忙[1]。

拜拜到底有沒有用，這個問題見仁見智，就當作是求心安也好，只要不過度迷信與花大錢求神問卜，我個人覺得都可以被接受，畢竟出遠門或從事危險的活動，拜一下住家附近的土地公無傷大雅又可心安，何樂而不為？

[1] 此蛇與友人因緣非本章節討論重點，故不細談。

Q5 真的有鬼月嗎？該如何看待這流傳已久的臺灣習俗？

當上萬人有共同信仰時，就會產生一種信念與無形力量；長久地受人膜拜，就算是路邊的石頭也會產生靈識。

在臺灣，鬼月相關習俗的盛行程度，已不單單是小地方的文化，甚至還有許多外國人專程前來參觀採訪。除了全國舉行大普渡之外，各大廟寺亦會根據當地習俗舉行點普渡公燈、立燈篙、跳鍾馗、搶孤、放水燈等儀式。

在佛教，則稱七月是盂蘭盆節，「盂蘭盆」為梵文Ulambana音譯，原意為「救倒懸」。眾生在三塗六道中受苦受難，就好像整日頭下腳上倒掛般痛苦，而佛教談鬼月並不將之視為猛鬼出籠的日子，而是解救眾生之時。

在佛經上有記載著一段關於盂蘭盆的由來——

「佛陀座前大弟子之一的目連尊者，因不忍親母亡故後墮入餓鬼道飢餓難耐，施以神通示現食物予母親。無奈神通不敵親母所造之惡業，所有食物皆化為灰燼，目連尊者眼見救母不成，便向世尊請示該如何救母脫離餓鬼道；世尊告知目連尊者親母因毀謗三寶與不珍惜食物而墮落餓鬼道，唯有仰仗十方僧侶與眾生之功德，才能救脫親母出餓鬼之苦。

於是目連尊者便選在七月十五這一天，廣設百味珍餚與鮮花素果，放於盆中供養十方，以感恩父母養育之情，後世佛教徒也選在此月以相同方式供養佛法及持咒念經、拜懺之功德迴向在世或往生父母，感恩他們在生之時的養育之恩。」

鬼月真的會有比較多鬼嗎？我不這樣認為，但鬼月在華人世界至少有近千年的歷史，就算並非真正的鬼門開，至少也是陰氣比較旺盛的月分，再加上成千上萬的人抱持著共同的信仰，本就容易產生相同的信念與無形力量——常見的例子就是一顆石頭繫上紅布，前面放著香爐、三杯水，旁邊放著一塊木版刻著「石頭公」，每日膜拜它，久而久之也會產生靈識；眾人膜拜的意念就會產生靈識，鬼月亦是如此。畢竟已經是近千年的渲染與傳聞了，早已成為華人世界無法割除的習俗，所以還是建議大家在七月心存基本的尊重，不要認為鬼月是無稽之談，就四處揪團逛鬼屋、夜遊，這種活動還是能避免就避免！

至於鬼月有不能吹口哨、不能披頭散髮睡覺、不能去海邊玩等種種傳聞。為什麼會有吹口哨的傳聞？口哨、笛子、口琴等的頻率可以引來阿飄，才會有鬼月不能吹口哨的說法——老實說，吹口哨還需要技巧，我就真的不會吹口哨。

印象中，阿飄都是留著長髮的，披頭散髮睡覺時，它們會以為你和它是麻吉，於是靠過來。對於這點我不是很認同，我就有看過禿頭的男鬼，難道為了避免被禿頭的男鬼跟上，頂上禿的男性得戴安全帽或黏假髮睡覺嗎？不過，少去海邊玩這點倒是可以多多宣導，以減少發生意外事故，或者多加一條：「鬼月如要玩水，請到有救生員管理的海域。註：未成年須家人陪同。」

佛陀在七月的盂蘭盆節流傳了一則「報父母恩咒」留給世人：

「南無密利多，多婆曳娑訶。」

迴向文：「願以此功德迴向弟子×××之今世、七世父母，因弟子×××之孝心，消除累世父母所有惡業增福增壽，無病無一切苦惱之患，往生十方諸佛菩薩淨土或三善道。」

每逢農曆七月，每日念誦報父母恩咒四十九遍，可報父母恩，讓現存父母延壽，去世父母超拔，如一日未誦，次日可補誦；如與父母因惡緣而來，亦可消除惡因緣轉為善因緣之福報；如逢家中父母重症在床者，可念至一〇八遍。在這殊勝的感恩節日，與其花大錢請人做著外在形式的法會，倒不如在家誠心持咒，為父母祈禱持咒，消除父母累劫力，消惡業、增福慧。

不要小看孝心所產生的念力與願力，對自家父母的誠心、孝心以及對宗教的虔誠，唯有自己最清楚，不是嗎？

Q6 為什麼有人在農曆七月會感覺身體與精神特別不適？

同樣受寒著涼，卻往往是體抗力差的人容易感冒。

不論真與假，在臺灣幾千萬人的宗教觀之下，七月彌漫著一股鬼月之說，而四處又有各大廟宇專為鬼月衍生出的鬼門開儀式，加上新聞媒體紛紛報導相關禁忌、各大節目也開始請藝人上節目談鬼……種種儀式營造出一股臺灣人無法忽視的氛圍。

平時陰陽協調之下，一般人並不會感到任何不適，但在七月陰氣盛於陽氣之下，有以下體質或生活習慣的人，會特別在精神與肉體上明顯感受到異於平日的不適：

①有宗教信仰之人（換言之，無神論者影響不大）。
②常出入醫院、ＫＴＶ等密閉或是氣場複雜地方之人。
③有宗教信仰又吃重口味（大量食用葷食、油炸、冰品）之人。
④身體狀況本身就不太好的人。

其主要原因除了七月陰氣盛於陽氣之外，另一部分則是因為七月是酷熱的季節，飲食習慣未隨季節調整之人，也會很容易感到精神耗弱，身體特別沉重。

在此分享幾個方法，可以幫助大家度過低迷的七月：

①避免出入人多複雜又密閉之處，如醫院、廟宇、宮壇[1]。

②儘量少去傳統屠殺牲畜的菜市場（這在大都會區較少見了）。

③少食惰性食物[2]（少吃肉，最好吃清淡為主），如：肉類、魚類、洋蔥、大蒜、蛋、菇類、菸、酒、味精，以及零食、快過期的食物、醃製品等。

④儘量多往空曠處吸收大自然空氣（少去人多擁擠的室內），如：公園、山區等。

⑤可多食綠豆、薏仁等湯品（腸胃不適者，以一天兩碗，多湯少料為主）。

⑥可多持本身習慣念誦之咒語，增加正面的陽氣能量。

[1] 如果為非密閉式且空曠的廟宇、宮壇則無所謂。

[2] 瑜伽論中，根據食物所含的力量多寡，及人類食用後對身、心、靈的影響，將食物分為悅性食物、變性食物、惰性食物。

Q7 點太歲燈真的有用嗎？

相信就點吧！但切記，不是繳了錢就算交差了事！

在古代道教中流傳「天上一顆星，地下一個人」的說法，可以顯見古人將一個人的本命與星宿做了連結。

要說到星宿就不得不說到掌握天上眾星辰的神祇——斗姆星君[1]，斗姆星君又稱為斗母、斗姥，意指星斗的母親。在紫微斗數中為人所熟知的九大主要星宿[2]——貪狼、巨門、祿存、文曲、廉貞、武曲、破軍、左輔、右弼，也是歸斗姆所管[3]，由此可見斗姆星君地位之大。

一般大廟太歲殿除了六十位太歲星君之外，中間安座必是斗姆星君，斗姆星君除掌管北斗眾星宿之外，和一個人的本命辰有著很大的關連。斗姆星君還具有天藥師功能，所以也與治病、安胎與生命有關。每到農曆過年期間，各大寺廟除了安太歲外，大一點規模的寺廟亦有安斗儀式，就是希望透過儀式獲得斗姆星君加持，祈求平安、健康、延年、轉運與去病。

農曆過年時期耳熟能詳的「安太歲」中的「太歲」，亦是星辰神祇之一，當然也歸斗姆星君所管。

古籍上有記載：「太歲如君，為眾神之首，眾煞之主，有如君臨天下，不可冒

1 斗姆星君名稱在每一部道教經典及朝代中有不同稱謂，諸如中梵天斗母元君、北斗九真聖德天后等等。

2 加上輔星、弼星兩星即為北斗九星，後兩星漸隱，故有「七現二隱」之說。古書上傳說如能見此兩隱星者便能得長壽。

3 道教所奉北斗之神為解厄七位星君，第一貪狼，為欲望修仙星君，主延壽乖巧。第二巨門，為論辯、營運星君，主消災。第三祿存，為福祿財富星君，主功名。第四文曲，為才藝星君，主

犯。」太歲星君就像軍營裏的值星官，當年的值年太歲宛如天子般掌管眾神，故又有「年中天子」之稱。

「太歲當頭坐，無災恐有禍。」犯太歲指的就是生肖與流年太歲的生肖相同者，但並不是指太歲是一顆人見人怕的凶星，太歲其實是一顆木星，會不停地轉動，有時方向不同又會變成守護星。

在某年四月左右，有學員向我表示，近年工作不順遂，在某領域打拼十餘年，依舊沒有太大的發展，收入時有時無，又遇到合約問題，令他感到相當心煩，我替他詢問後，瑤池金母表示：「他去年太歲當頭未安太歲，今年又逢奇數歲，故去年與今年運勢皆不好。」

我問他去年有安太歲嗎？他說並沒有，我算一算，生肖與去年犯太歲正沖並不同，何來犯太歲？再細查原來他的生肖是偏沖[4]，以農曆年來算二月才算新的一年，但又逢基數，原則上是要安個平安燈或是光明燈，前者祈求平安順利，後者則是照耀前途之意，但他通通沒有做。

那日剛好帶他們到古坑地母廟拜拜會靈，詢問之下因距離農曆年已有一段時間，故不接受安燈服務了。剛好古坑地母廟有供奉財神爺，我教他簡單拜財神的方式，並向財神爺祈求工作順利及合約圓滿；回家後再就近去大廟詢問是否有點平安燈與光明燈。過了幾天他告訴我，以為會很纏的合約竟然圓滿落幕了，近期也接到不錯的case，我提醒他有空記得回古坑地母廟向財神爺還願。

文豪。第五廉貞，為宿守星君，主清廉剛正。第六武曲，為正義星君，主威武運動。第七破軍，為抗困暴發星君，主奮鬥突破。第八左輔，為護衛星君，主乖違。第九右弼，為政堅星君，主歪曲迅捷。總稱九司星君。

4 當年與本身生肖同年或是相差六年即為正沖，而相差三年與九年者則是偏沖。

甲子 金辦將軍	庚午 王清將軍	丙子 郭嘉將軍	壬午 陸明將軍	戊子 鄒鏜將軍	甲午 章詞將軍	庚子 虞起將軍	丙午 文哲將軍	壬子 丘德將軍	戊午 黎卿將軍
乙丑 陳材將軍	辛未 李素將軍	丁丑 汪文將軍	癸未 魏仁將軍	己丑 潘佐將軍	乙未 楊仙將軍	辛丑 楊信將軍	丁未 繆丙將軍	癸丑 朱得將軍	己未 傅黨將軍
丙寅 耿章將軍	壬申 劉旺將軍	戊寅 曾光將軍	甲申 方杰將軍	庚寅 鄔桓將軍	丙申 管仲將軍	壬寅 賢諤將軍	戊申 徐浩將軍	甲寅 張朝將軍	庚申 毛梓將軍
丁卯 沈興將軍	癸酉 康志將軍	己卯 龍仲將軍	乙酉 蔣崇將軍	辛卯 范寧將軍	丁酉 唐傑將軍	癸卯 皮時將軍	己酉 程寶將軍	乙卯 萬清將軍	辛酉 石政將軍
戊辰 趙達將軍	甲戌 施廣將軍	庚辰 董德將軍	丙戌 白敏將軍	壬辰 彭泰將軍	戊戌 姜武將軍	甲辰 李誠將軍	庚戌 倪祕將軍	丙辰 辛亞將軍	壬戌 洪充將軍
己巳 郭燦將軍	乙亥 任保將軍	辛巳 鄭但將軍	丁亥 封濟將軍	癸巳 徐華將軍	己亥 謝燾將軍	乙巳 吳遂將軍	辛亥 葉堅將軍	丁巳 楊彥將軍	癸亥 虞程將軍

在華人世界中，安太歲的習俗行之有年，太歲燈是所有農曆過年點燈儀式中最經濟的一種，有些佛教寺廟還開放免費點太歲燈的服務。早期安太歲是可以到廟寺，請一張上頭寫著「本年太歲星

君到此」、「本年太歲星君神位」或「一心敬奉太歲星君」字樣的太歲符回家，每月朔、望日（初一、十五）早晚上香，祈求平安；只是如今並非家家都有供奉神明，且為求省事，才會由廟方代勞。

點燈廟宇的選擇，不太建議選擇離家太遠的廟宇，假使你住在屏東，就不用跑到千里之遙的臺北指南宮，就近找正廟就可以點了。各種點燈費用有行無市，每間廟宇所訂的價錢及名目亦不盡相同，可以多做評估，貴不代表法力高強，便宜也不一定會偷工減料。點燈不是繳錢就算交差了事，任何術法科儀還是須要有人的信仰意念，廟方是否每逢初一、十五固定舉行祈福念經科儀，才是最重要的一點。所以千萬不要繳了錢就心安，假如廟方沒有請人做科儀，一切的點燈也沒有用。所以初一十五到廟裏拜拜時，就順便觀察廟方是否有舉行法會，好列入日後點燈的寺廟名單中。

Q8 改風水真的可以改運嗎？

友人家至少有四個很差的風水格局，但家中小吃攤仍舊聞名全臺——因為福地福人居。

陽宅風水，在華人世界中應該和命理（八字、紫微）一樣，並列臺灣民間習俗中，與生活最密切相關的前幾名吧！

在風水上，我並不是一個很認真的靈修人，所知道的僅止於簡單且公式化的大方向，比如壁刀、路沖、壓樑……其餘就是看氣場和憑感覺，想深入一點的話，就向祂們請教。祂們的回答通常也不會太詳細，頂多是回答「尚可」、「不差」、「會賺錢的格局不大」、「此地未來三年會重新規畫」……

我也不太幫人看土地，因為看土地就像是幫人牽紅線還要包生小孩一樣，要看的不只是土地，還有以後建廠房的方位、辦公室的財位等等，所以我只幫朋友、熟人看風水。前陣子，朋友邀我看了不少土地，有租也有售，甚至有超過上千萬的售價。

我向朋友建議，不要想找到龍地或好的穴位，因為這些地方不是蓋了廟，便是早早就被大集團整批買走了。一般的廠房、辦公室，格局方方正正的、不要有太多邊邊角角，不要一進去就陰暗、潮濕……看起來舒服，至少使用起來心情就會不錯了。接下來，就是衡量自己的預算和未來發展性，不要小孩穿大鞋，也不要大人硬擠小孩鞋，什麼樣的人就住什麼房子——我很相信一句話：「福地福人居。」

什麼樣的福報、格局就住什麼樣的房子，這也是知命的一種。

看過一則報導，一間原本經營良好的大公司因為種種原因宣告倒閉，法院前往查封時，發現董事長辦公室擺滿了水晶洞、開運飾品，光是這些東西就價值不斐，更別說董事長因為篤信風水，請了無數知名大師看過，但是下場呢？還是抵不過自己經營不善。試想，大公司找的風水師、買的開運物，會比平民老百姓買的還要差嗎？經營不善是要怪地理師、風水、景氣還是經營能力？

開公司最重要的是人才和行銷經營策略，以及老闆的氣度與處理態度。培養一群良好的員工是最好的生財之道，就像打仗也要有後援一樣，不要以為找到一塊好地就能賺大錢，土地是建立在格局之上，若負責人不想把公司格局做大，或對員工不好、對未來沒有規劃，就算擁有再好的格局也沒用；就算有眾多訂單進來，要是員工留不住，訂單也一定無法如期交付——最終還是要回歸到「經營的基本面」來看待問題。

我認識一個在臺南賣小吃的朋友，他們家的小吃聞名全省，節慶假日時，排隊人潮可以排到一百公尺遠。朋友也很有個性，常大聲凶一些不識相、圖方便想插隊的熟客；幾家電視臺爭相想去做免費採訪，還通通遭到拒絕，因為他們覺得做小吃靠實力比較重要。他們家至少有四個很差的風水格局，斜對面是禮儀社、後面緊連宮廟；因為開路的關係，房子被切成不規則的梯形；一進門只看到五到七坪左右的小客廳，廁所、廚房通通在樓上；後門與地面落差至少一尺、前門還有大壁刀。因為無法拓建，只能向上加蓋，遠遠看上去就像一把刀。

誰說風水不好不能住人？他們家的生意還不是強強滾！有一次電視上聽到白冰冰說，白曉燕事件之前，某風水師把她們家當成活教材，常常帶學生去她們家前實地教學，又指著家門上頭的拱形設計說，就是有這個像金元寶的造型，白冰冰才會賺大錢；等女兒白曉燕出事後大師卻改口，說拱形設計的中間有空洞，所以才會出此不幸事件。看倌你說呢？

名列二〇一一年全臺年輕人最想跟隨的老闆——戴勝益先生創立的王品集團，創店多年從來不曾看風水、方向，每一家店面、主管位置、辦公室格局，都是隨性與適切而已，此外他也從來不燒香拜拜。他從負債億元，到目前身價上億，試想，他可曾迷信風水？難道富人有錢一定是因為佔到了好風水嗎？而那些一敗塗地的人，就這麼倒楣地買到了壞土地嗎？

風水並非左右一個人成功與否的關鍵，我相信人有創造未來的能量，一味地將成敗歸咎於風水似乎有欠公允，畢竟成功與否牽涉層面廣泛，人為因素更是不可不列入考量。

我相信福地福人居的道理，如果經常行善，選擇到的房子應該不會太差才對。再者，太執著於風水往往會忽略了人類開創萬物的力量。就以創業來說好了，看廠房應以科學及工管角度來分析動線的重要性，絕不能單以風水來評斷一切，如果創業者在初期就迷信風水，這家公司的未來格局便已注定了。風水再好，沒有好的經營者，一切也是一場空。風水再壞，遇到一個有福報、有善根又懂經營的人，也能讓壞地變成福田。

Q9 為什麼往生七天後魂魄會再回來？喪事時它們又在做什麼？

執念會讓往生者魂識繼續逗留在人間，也就是我們所熟知的鬼魂。

靈修背後藏著人們想像不到的力量，其中最奇妙之處，就是對另一個世界的了解並非來自於神明的告知，而是透過虛擬又真切的感同身受。

我之所以了解往生者臨死那刻的心情與過程，是因為祂們帶領著我一步一步地去感受，就如同經歷了一場死亡歷程一樣。而唯有真實的經歷過，才能以過來人的經歷提醒在世親人，該以何種心態來看待往生者。

人在心臟停止跳動後，意識會由腳底、腿、腹部、胸腔、肩膀慢慢地向上攀爬，最終消失，這段過程至少歷時七至八個小時左右。五覺中最後消失的是聽覺，此時往生者尚能聽見不甚清楚的聲音，也因此喪禮儀式中往往會叮嚀家屬：「不要在死者面前哭，會讓親人捨不得離開。」

往生者在失去肉體意識的八小時內，感受會像烏龜脫殼般痛苦，這也是為什麼在一些佛教儀式中，處理往生者遺體時，會叮嚀家屬八小時內盡量不去搬動遺體、不在遺體旁喧譁，就是要讓往生者減輕失去意識的痛苦與恐懼感。一位南傳師父告訴我，她曾去醫院探望已經往生的比丘師父，看見遺體眉頭深鎖，氣色非常不好，她馬上吩咐家屬把念佛經的音量調到非常小聲。

一般人都以為，往生時大聲播放念佛經，有助於接引往生者到西方極樂世界，但她告訴家屬，此時宜保持安靜，不要吵往生者，太大聲反而會令往生者痛苦，甚至因為太過專注於肉體上的痛苦，而忘了自己已往生的事實[1]。在念佛機關掉後沒多久，往生的比丘師父果然回復到平日慈眉善目的模樣。

有次去參加舅舅的喪禮，表妹問我：「老爸生前根本不聽這種死氣沉沉的佛號，我可以改放比較輕快的音樂嗎？」我回答她：「可以，讓他輕鬆就好了。」

為什麼人一往生要馬上播放念佛經？這道理我不是很懂，如果往生者生前根本未曾念過一句阿彌陀佛，往生後會跟著念嗎？我想應該很難吧！別說是往生者了，就連現在還活著的我們，要專注地念一小時的佛號都很困難了，往生時是非常恐慌與不安的，有可能會聽念佛機念佛號嗎？

某次遇到一個個案向我詢問處理父母親喪禮的問題，她信仰天主教，父親則是信仰佛教，父親往生後該以佛教儀式還是天主教儀式來處理？

宗教是人在世的精神寄託、往生後歸處，死後莫名奇妙被換了信仰，反而會造成往生者心中的不安與恐懼，我告訴她說：「妳老爸只認識東方臉孔的佛陀，往生時看見一位滿頭捲髮、留著落腮鬍的阿兜仔，應該會驚嚇到活過來吧！」（這應該也算是好事吧？）

肉體五感覺知全部喪失後，有人會開始看見光、回憶一生片段等等，然後意識便逐漸地脫離肉體。除非有很強烈與虔誠的宗教信仰，或訓練出非常強的專注力及意念，否則需要很久的時間才能從模糊意識中清醒，發現自己已然往生的事實。一般人從意識模

[1] 瀕臨死亡時的感受就如同在睡夢中，肉體上一絲絲的覺知都會影響到往生者，故佛教喪禮會希望八小時內不要搬動往生者遺體，主要是希望讓往生者的意識靜靜離開人世間。

糊到「再度清醒」的時間大約要七天左右，但七天並不是固定時間，有人在死亡那一刻就會馬上回到家人身邊，有人則要五天左右，視因緣與個人業力而定。

清醒後的往生者尚未意識到自己已經不活在人世，會像還活著一樣，在平日熟悉的地方活動，比如房間、廚房、書房等，等到發現親人不再回應他，或是察覺自己可以穿透物品、門，甚至是見到喪禮的主角是自己時，才會真正地知道自己已經死掉。這也是為什麼有人在親人往生後，會聽見往生者的房間傳來走路、翻書、切換電燈開關的聲響。

像我老爸在外因意外往生時，老媽在房間內尚未入睡，她很清楚地看見老爸回到床邊，還開口問他：「怎麼回來了？」但一個回神，老爸已經消失了。那一刻，老媽心裏就隱約知道老公可能已經死了，隔天在幫老爸洗褲子時，還有一股很強烈的直覺：「這件褲子白洗了，以後也用不到。」沒多久便接到警察局的電話通知。

又比方說，我在外婆的喪禮那天，看見她一下出現在廚房、一下又走回客廳。我無心注意靈堂前師父的念經聲，只全神專注在外婆身上，見她絲毫未發現自己是這場喪禮的主角，忍不住想：「到底念經是念給活著的人聽，還是念給往生者聽？我們聽到快睡著，外婆倒是走得好勤快！」最後，她跑去生前有過節的親戚面前，不停碎碎念。事後那位親戚告訴我，師父念經時她一直看著外婆的遺照，心中向她默念：「在世時的恩怨就不要再談起了，從此不再有瓜葛。」

比起花錢請人念經，親人的追思憑弔對往生者反而更重要，我外婆就是一個例子。就我所了解，不要在靈堂前隨意說出或作出對往生者不敬的事，雖然就算被聽到，它們也不可能爬出棺材來跟活人對嗆，但保持一顆尊重心應該是基本的處世態度。

外婆喪禮期間還發生一件小插曲，守靈的小舅躺在客廳，入睡後，突然被人從腳邊用力地扯了棉被一下，我小舅嚇醒後說：「媽，你可不要嚇我耶！」我聽到後，跟我老媽說：「妳百年後可不要學妳媽那樣耶！我會嚇到尿失禁。」

然而，往生者意識到自己已不在人世間，也不一定會馬上投胎或被接引到該去的地方。太過強烈的執著和眷戀，會讓往生者的魂識逗留在人世間，進而變成人們所熟知的鬼魂。念經超渡對往生者有用嗎？我認為，在生活中時時刻刻學習捨下與平常心，反而對自己往生後的幫助較大。鬼魂逗留人間的時間並不一定，少則幾天多則上百年，以人的角度來看，或許會覺得不可思議，但以靈界角度來看，靈界本身就無時間與空間的存在，停留幾年對它們來說並無太大差別。

曾聽過一則馬來西亞的真實故事，一位篤信佛教的通靈人有看見鬼魂的能力，朋友租、售房子前都會請他過去看看。有一日他看到一間房子外頭的樹上，掛著一位上吊自殺的阿婆。據了解，這位阿婆已經死了兩百多年了，當初因為與媳婦產生口角，一氣之下就在自家門口上吊了。兩百年過去，媳婦早已不知輪迴到何處，但婆婆依舊冤氣未消，繼續吊在樹上晃啊晃……這位通靈人舉辦了一場佛教儀式的超渡法會，想不到法會過後，這位阿婆依舊在上頭晃。之後又辦了第二場法會，阿婆還是不願離開，細問之下，原來是婆婆嚥不下那口氣……一口氣氣了兩百年，想一想，人的生與死真的就是在那一口氣啊！

Q10 能為往生的親人做些什麼？

往生者除了罣礙家人，也會執著於生前最喜愛的物品，想讓往生者走得開心，下次拜拜時帶些它們生前所愛之物，對開導它們的執著有很大的幫助。

我以前和一般人一樣，以為透過觀落陰、牽紅姨等方式與往生親人見了面，應該會看見哭哭啼啼的感人場面。後來開始替人和往生者溝通後，發現以上狀況並不多見，大部分的往生者都表現得相當平和，或是依舊活在往生當下的意識中[1]。我所接觸的自殺個案不多，僅就過去幾次經驗和讀者做個分享。

曾處理過一位自殺的婦女，女兒問我母親自殺後狀況如何？我得到的情境是它好像處在一個很寧靜又遙遠的半空中，感受不到悲傷，一時之間也無法和她溝通，因為它似乎一直沉溺在自己的意識中。她女兒補上一句話：「我媽是跳樓自殺。」自殺者會一直重複生前自殺的方式嗎？就當時而言是沒有，它只是一直停留在很靜的半空中，祂們說它會一直等到時機及壽命盡才會去投胎。她女兒不解，已經做了法會超渡了，怎麼母親還留在原地？細節答案我不清楚，祂們也只說：「業力未盡、執念太深。」

很多人以為和往生者溝通很簡單，其實非常消耗精神力，尤其自殺者的自我意念都很強，就像探監的道理一樣，對方不想回應你，總不能像呆瓜一樣一直自問自答吧！它女兒問我母親自殺的原因，我透過祂們的轉述是：「那天心情非常低落，想到陽臺看風景，臨時起意就跳下去了。」

[1] 如為情自殺者，便會執念於情感中而無法順利投生，或是在家中意外往生的父母親，有時會執念於小孩沒人照顧而捨不得投生。

女兒說母親長期受憂鬱症所苦，那一天晚上下著大雨，常陪伴她的父親下樓購物，父親下樓後沒多久，母親便跳樓了，父親事後非常自責。

因為母親沒有留下遺書，她想了解母親的遺願，或者有什麼可以幫助它的地方；我一點都感受不到她母親的意識，只能透過詢問祂們來幫助回答。我得知，她母親生前非常重視外表、喜歡穿漂亮衣服，可以在忌日時準備幾套生前最喜歡的衣服祭拜，以意識告訴它放下人世間的一切，有緣下世再做家人；另一件事就是父親近幾年在健康上會有狀況，母親希望小孩好好照顧父親的身體。我一講完女兒便掉下眼淚來，她告訴我，母親真的很喜歡穿漂亮衣服，也很重視外表。

另一個讓我印象深刻的溝通案例並不是自殺，而是意外身亡。與往生者情同姊妹的親人來詢問我，它騎腳踏車上山，被發現時已經躺在路邊，送到醫院不久後就往生了。也許是意外身亡不久，不像自殺者執念那麼強，在意識溝通上也流暢了許多。我告訴她不清楚死因，好像是突然閃了神，不小心擦撞到一臺車的後車尾，在撞到車子後撞上山壁。我向它的親人強調，車主不能算是肇事逃逸，這場意外是安排好的（壽命已盡），車子只是恰巧經過，車主本身也不知道有擦撞到人。我感受到它非常樂天與活潑，在另一個世界反而比在人世間快樂，這點讓我有些困惑，怎麼會比活在人世間的時候還要快樂？親人告訴我，它非常喜歡交朋友，而且愛好戶外運動及騎單車，在世時父母和家境都有一點狀況，所以它從小就非常獨立，靠自己賺取學費。

親人問我需要幫它做什麼嗎？我轉述了祂們的說法，它今世算是來了結累世的因緣，這世已是最後一世了，短短二十年左右的歲月中沒有結下惡緣，反而與在世朋友結了不少善緣，目前有很多與它有緣的高靈陪伴著它，心境上並不孤單。親人又問我它的遺願為何，想不到它的遺願是希望能再看到生前的相簿。原來往生者在生前很愛收集和家人、朋友合拍的照片，家中留有它最心愛的相簿。家人問我要燒給它嗎？站在親人的立場，我的想法是：「不用，燒了相簿，你們還有它生前與你們的回憶嗎？有空去祭拜它時，將相簿帶過去翻開，藉物分享對它的思念之情就好了。」

我從不少問事者以及與往生者交流的經驗中發現，往生者最罣礙的除了家人之外，便是生前最喜愛的物品，衣服、戒指、玩具等等；如果想讓往生者走得開心與放下執著，下次拜拜時，記得帶一些它們生前所愛的物品，對於開導它們的執著有很大的幫助。

有一次，一位親人向我詢問，往生不久的親人在另一個世界過得好不好，往生親人竟回答我：「比在人世間好很多，只要你快樂，我也就很快樂了。」想一想，我們的擔心往往也造成了它們的負擔。對於一些思念往生親人的人，我常常以一個觀念勸他們，往生後的世界查無對證，不管是我還是其他通靈人所言，都無法印證；既然如此，就相信他們在另一個世界過著快樂的生活就好了。對往生者的思念適可而止就好，隨著時間流逝，往生者對於在世親人的記憶會逐漸減少，只要不是無惡不作之人，在陰間其實都會很受到照顧。

Q11 拜拜主要的意義是什麼？

透過每次的膜拜擦亮己心，以承襲仙佛精神，方能有智慧與勇氣解決紅塵俗事。

有一個朋友的媽媽在拜拜時超級會跟神明對話，她可以拿著香碎碎念好幾分鐘，一副和神明很熱絡的樣子，朋友當她女兒這麼多年，唯有這一招怎麼樣也學不會，我笑她再不學起來，這種習俗很快就會失傳。

每次到廟裏去，我超愛觀察別人拜拜，老的、少的、男人、女人我都愛看，尤其是上了年紀的婆婆媽媽，拿起香就開始對神明拚命地話家常。這種畫面非常溫馨，彷彿人與神之間完全沒有距離；老一輩常念年輕人愛和朋友講手機，我倒是覺得婆婆媽媽們才超愛拿香和神明亂哈啦。小時候老媽教我拜拜要向土地公說，保祐我平安長大會讀書，一直到我念國中，我媽教的臺詞始終沒變過。以前我一直懷疑神明只管小孩長大和讀書兩樣嗎？長大後我才知道，老媽認識的神尊不超過五位，數十年來拜拜的臺詞也都一模一樣。

走靈修初期，參拜全省各大宮廟、佛寺不下數百間，我仍然學不會如何拿香對著不會開口的木雕神像講話。這對一般人而言，好像不是什麼太嚴重的事情，但對走靈修的人來說卻有那麼一點重要；「靈修」兩字拆開來看就是本靈（元神）之修，也就是透過元神意識與祂們交流，連交流都不懂了，又該如何向祂們請益？不懂得向祂們請益，又如何學習看透人間百態與大自然的運作法則？一直以來我為了訓練自己透過意念與祂們交流，吃了不少苦頭。

走了靈修這麼多年，逐漸從拜拜菜鳥變成拜拜達人，對「拜拜」兩字的體會是，**拜神的力量最後總會回歸到自己**。人們拿起香向祂們祈稟時，便是在心中默默給予自己希望與能量；拜神最大的能量並非仙佛給予的祝福，而是藉由拜拜過程中提醒自己「手上還有希望」。用真誠的虔誠心與恭敬心向祂們膜拜時，所產生的無形能量，自然而然地牽引了人與仙佛殊勝精神；欲望太強、雜念太多，都會阻礙我們與仙佛之間順暢的心靈溝通。

有一次我向祂們詢問如何以虔誠心拜拜，祂們以「杯子與鏡子」為例告訴我，裝滿水的杯子就是神像，鏡子則代表人們的心，少了虔誠心與純淨的心在拜拜，如同用沾滿塵埃的鏡子去照杯子，不管照多久，鏡子（心）永遠都不會有杯子（神明）的影像。一顆恭敬心與虔誠心，如同擦得晶亮的鏡子，馬上就會映照出杯子的影像。

是否很像密宗常言的相應法門？簡單來說，拜拜是希望透過每一次的膜拜來擦亮自己的心，好承襲仙佛的偉大與殊勝精神，以大無畏的精神透過智慧與勇氣解決紅塵俗事。

最好的拜拜不是每拜必求，下次可以試著拿起香，帶著一顆虔誠的心告訴祂們：「願弟子能效法堂上仙佛的精神。」靜靜地去感受拜拜當下所帶來的內心寧靜，或許比向祂們求財富、求權力、求愛情來得更有意義。

Q12 催眠中看到的前世都是真的嗎？

因為相信，才會看到。

在我走靈修初期，不斷地被教導一個觀念——要相信自己，但不要太相信自己的大腦。這句話聽起來很矛盾，然而宗教碰上玄祕，本來就是一場矛盾的結合，信者恆信，不信者恆不信。信者選擇相信，但不一定經歷過；不信者選擇不相信，但卻未必不曾經歷過，因為有人會選擇用科學、醫學等角度來解釋不合理的經歷。簡單來說，信與不信都只是自己「心」的選擇，就算你不去選擇，只要事物外境曾在你眼前出現，大腦依舊會記錄下一點點殘影。

有一次，一個女學員在我面前靈動，從靈動動作明顯看得出來她曾在宮壇中待過，這些人的靈動都會有幾個很明顯的特徵：轉圈圈、比蓮花指、雙手在眼前不停轉動。為了讓她放掉刻板的靈動動作與刻意模仿而來的動作，我故意在她面前說：「妳的主神是觀世音菩薩……妳是觀世音菩薩旁的小龍女轉世……妳的靈脈來自於觀音脈……」我每講一次，她就會從轉圈圈變成比觀音指，比到後來連她自己都不好意思了。我才告訴她：「不要相信自己的大腦，我講什麼妳就變什麼，代表妳已經被人影響了。」

另一次，則是一個在別間宮壇服務的男學員，我發現他的靈動之中摻雜著一絲絲女性味道，便開口問他說：「你們宮壇裏面會靈動的人，應該是女生佔大多數吧？你的動作中有非常細微的女性味道，可以判斷出你們宮壇中會靈動的女生比男生多，你看久了，也就不自覺受到了影響。」

大腦是人體中最複雜且精密的器官，至今仍有許多部分待研究。人的意識、想法不單單只存在於腦部，甚至會投射到現實環境中，也因此在宗教、玄學、靈界等方面一直難以有統一的說法，因為多數玄妙的體驗只存在每一個人的感受中。宗教狂熱者會相當執著於所處的宗教境中，外人或許無法認同，甚至認為他們很偏執，那是因為我們站在旁觀者的立場，未融入他們的宗教中，所以難以了解他們狂熱的原因與所見的境。

有不少信徒信誓旦旦的說自己看過教主、老師的分身，不論外界從科學角度提出多少證據，言明分身照片是假的，信徒依舊堅持相信自己親眼所見。這是因為信徒一旦開始相信老師的人格，就不會再質疑老師所言，也正因為這份信念，讓他們有很大的機會在現實生活中、夢中或靜坐中顯現出老師的影像。

我遇過不少學員說我曾在他們夢境中出現，手上拿著某樣東西送給他們，也有人尚未入睡時，看到我出現在天花板。我可以打蛇隨棍上地說：「對，是我的分身去看你睡得好不好，我身上還有你的主神托給我的無形寶，要轉送給你。」反正不管我怎麼瞎扯，看到的人一定會相信是真的。我問過瑤池金母，該如何看待別人在夢境、生活中看到我的狀況？瑤池金母告訴我：「看到的人都是相信你的人，因為相信才會看到，景象所要傳遞的信息大部分與你無關。了解信息內容的真偽，應該要去觀察的對象不是你，而是看到你的人。」

催眠也是相同的狀況，一個能被催眠的人必須有兩個前提：「願意放鬆精神讓意識放空」及「信任施予指令的催眠者」。唯有這兩個條件成立，才能夠被催眠師施以的指令催眠，太過理性及極度主觀的人則不容易被催眠。

再說到催眠過程，被催眠的人對於所講出來的內容，幾乎無法判斷是真實發生過、曾經幻想過，還是夢中出現過，同樣地，催眠師更無法判讀被催眠者所言內容的真偽，他們只相信：「你花了錢來被催眠，總不可能胡說八道吧！」

我曾聽記者朋友跟我說過，有一次他們去採訪一位非常有名的催眠老師，他們安排記者朋友當被催眠的人。

他本來就不信超乎人類可以理解的事情，過程中他根本沒進入狀況，但是為了讓錄影順利結束，他只好瞎掰來呼攏催眠老師。

他愛看歌仔戲，就說什麼看到古代的景象啦、看到自己上臺演戲啦，催眠老師也搞不清楚他說的對不對，就說：「對，那就是你前世，你前世就是唱歌仔戲的！」

我跟記者朋友說：「你根本就是在鬼扯，歌仔戲才幾十年歷史而已，你都幾歲人了，前世怎麼可能是唱歌仔戲的！」

催眠可不可信，在我觀念當中，任何拿來治療心理問題的工具，就應該止於治療人類的心理，而不該被放大到可以探知宇宙運作法則及靈界奧妙。我看過很多催眠老師，將催眠結合了宗教上的消冤親債主，都太過於誇張了，被催眠者對自己所言尚且無法印證真偽了，催眠老師又如何篤定內容是真是假？

放眼世界，一切人所發明的工具，諸如八字、紫微、風水、催眠……都只能窺探到世間表象，不能因為著重本身的研究，而放大研究後的結果。如想窺探真理，須真正地透過禪坐、內觀進入另一度空間，身歷其境地觀察並體悟。如佛陀能觀一花一世界、一沙一天堂，並非依賴任何人世間發明的方法，而是透過實修直觀另一度空間及世界，並且提出了三摩地、四聖諦、八正道[1]的觀點。

我們是否能夠像佛陀一樣要求自己，而不是沉溺於文字遊戲，或後人所發明的靈性工具中呢？當一個人能夠真正地直觀世界奧妙之時，我相信此人的道德品性已經超脫常人了。

[1] 三摩地又稱為三昧或是三摩提，意指心念保持不散亂，集中於一處。四聖諦是苦、集、滅、道。八正道為一正見、二正思維、三正語、四正業、五正命、六正精進、七正念、八正定。

Q13 真有所謂的下符嗎？被下了符該如何破解？

行正道的人不可能將符籙拿來害人，心念不正者如想畫符傷人，其殺傷力也不會太嚴重。

符籙、咒文、符咒，是大家耳熟能詳的名詞，卻不知符籙咒其實是三種不一樣的東西。符在古代是一種中央行使命令的信物，如兵符、虎符，電影《赤壁》就曾出現虎符，將兩隻半形老虎信物合在一起，便成為一隻完整的老虎。道教中的「符」就是沿用此觀念，只是政治上的符是處理世間事，而道教的符是處理無形事。

籙是使用者的身分象徵，依修行層級高低，能處理的事情也就不同。

「咒」在古代是叫做「祝」，祝是古代行使祭祀的人，現在常聽到的廟祝，就是處理廟方事務的人；與神靈交談、祭祀用的內容也叫做祝。簡單來說，所謂的咒，就是神靈語言的意思。

符籙在古代的功能以治病、成仙為主，文獻上記載著，早期宮廷裏頭還將會運用符籙的祝列入醫療體系中，例如咒禁科[1]、金鏃兼書禁科[2]。而學習符籙最重要的除了本身的操守之外，尚須嚴守各家門派所訂下的戒律。

由此可見，符籙並非如電影情節所見的那樣，專司於害人、招桃花、招財、招小鬼

[1] 指以道術來驅邪治病。

[2] 為古代的一種外科手術。

等，給人負面偏頗的印象。在臺灣尚有許多師承百年以上的道教，將符籙使用在助人、解求身心靈等問題。

學習正統道教符籙必須經過嚴格的訓練，絕不像坊間開設畫符籙的課程，繳了一筆錢就能夠學會。依樣畫葫蘆只是學到符的字形，並不具有長遠與強大的功效，就算有效果也只是一時。至於下符、調兵遣將的符籙能力，必須是多年苦修與嚴守戒律的修道人才辦得到，因為符的力量，牽涉到施符者本身修鍊的念力，必須建立在極高信仰與正念之上。

簡單來說，如果一個人內外不一、吃喝嫖賭樣樣來，有可能具有很強的意念，或遣調天兵天將的能力嗎？

被下符可以解符嗎？可以，只要意念強過符錄的能量便做得到。原則上一般的符籙不具有殺傷力，符籙功效決定於畫符人的意念，意念愈強，符的力量愈強；行正道的人當然不可能將符籙用在害人用途上，而心念不端正者如想要畫符傷人，其傷害力也不可能太嚴重，隨隨便便一寫就能置人於死地，是電影才有的情節。

有個女個案單戀一個男生，學過道家術法的朋友說能用術法幫她完成心願——這位朋友迷戀其他女生時，都是用這種術法讓女生愛上他的。我告訴她這不可能，正緣的感情決定於累世的因緣，今世注定沒有結婚因緣，強求也只是一時之效。想也知道，小小一張符不可能扭轉業力，結果當然沒有成功。

後來她從馬來西亞請了一尊「桃花小鬼」，是她花了五十萬從一位專攻蠱術的人身上買來的，那小鬼據說是墮胎的嬰靈。她問我：這次總該有效了吧？我聳肩表示不以為然，我的想法是：「強摘的水果不會甜，執取的戀情不得善終。」她信誓旦旦，說花了五十萬之後，房間真的鬼影重重，還問我是否有感應到她身邊有小鬼，我很想告訴她：「我只看到妳心裏有鬼而已！」

如果術法能將今世無因緣的感情變成正緣，那我的老婆早就是林志玲或蔡依林了。最後男方當然無動於衷，連見她一面也沒有，事後才知道原來對方是雙性戀，他去騷擾女方的一位男性友人，整件事情才曝了光。我告訴她：「五十萬丟到海裏還有聲音，妳的執著卻換來一場空。」

還有一個女個案，從一進來開始，我就完全聽不懂她話裏的重點在哪裏。近二十分鐘裏，只聽到她不斷地抱怨，抱怨所找的通靈人能力不佳、某某人對她下符下蠱……她拿出一本上頭有她主管與主管女兒的雜誌，懷疑主管對她下符，想請我確認真假。我不懂怎麼看下符，也不覺得她有被下符，卻很肯定她身上有鬼——疑神疑鬼。

我將瑤池金母的內容轉述給她：「符籙具有強大能量，書寫符籙之人要不是極善之人，就是極惡之人，極善極惡都是一種強大的心念，唯有這種心念所書寫的符籙才具有長效性。而妳的主管身為企業大老闆，命中帶有官命，帶官之人必難是極惡之人，就算有惡，頂多也只是小惡，為了私益所為的小惡算不上極惡。」

任何宗教上的儀軌、法器或是有形之像，都必須透過他人給予能量上的加持，才能產生強大的效果；就算是神像，如果沒有人膜拜以及開光，也只是一尊木製的木偶罷了。符籙亦是相同的道理，一個有真正修持之人，和一個僅僅得書寫之人，兩者所畫出來的符籙效果必有相當大的差異。她的主管如果只懂得書寫卻沒有修持，就算下符的當下有效果，也會因為時間的流逝而變成廢紙一張。瑤池金母最後補上一句話：「沒有修為之人所書寫的符籙，僅有形而沒有法。」

我曾向一位在符籙及道教上有實修的朋友詢問符籙的事，他的碩士論文便是以符籙為主題。他告訴我，真正高深之人不會拘泥於符張形式，有些人可以透過意識、劍指隔空書寫，而沒有修為之人，其能量便無法達到效果。隔空書寫符籙很類似靈修派的術法，我們為他人收驚時也是對著人或衣物隔空書寫類似符籙的符號；此外，當我們在淨化空間或是安魂[3]時，也會有隔空書寫符的動作出現——真是萬法同歸。

關於瑤池金母所言：「僅有形而沒有法。」形是指形式、書寫，法則是指能量，友人表示確實是如此。最後朋友以修習符籙的經驗分享破解下符的方法：「不妨增加正念及對正道生活的正見，心正則邪不侵。當然也有可以防身、保平安、除邪鎮煞的符，然而此法則看個人因緣。」只要平時有在虔誠修行，或是保持正常的作息，精氣神便不易散亂，一般符籙大都可以靠自身意志力破除其功效。自覺被下符時，只要產生更強大的信念及意志力，便能將符籙的能量去除。

透過此篇故事想分享三個觀念：

①一切的宗教都必須建立在了解自己的原則上。修習宗教不要像在菜市場買菜一樣，人家買什麼就跟著買什麼，而是必須很清楚地了解自己身體欠缺的能量、元素以及所須之食材為何。人云亦云的修行方式，只會讓自己產生更多不必要的困擾罷了，畢竟修行不在廣而在於精。

②宗教修行是要讓自己明心見性。明心見性必須從生活中體驗起，任何人、任何事都必

[3] 例如收驚即具有安定靈魂之效。

須以平靜心看待，我常常看到許多人遇到事情時總是牽扯到鬼神論、風水論、因果論，如此並無法讓我們直擊到問題核心，也無法透過事件來反思自己的問題。

③當懷疑被下符時，可以去思考此人的道行為何。道行愈高之人道德也愈高，必不可能做出傷天害理之事。而道德低下之人，其所施之儀軌也不可能有太大的殺傷力，所以，符籙之事雖存在，但亦無須杯弓蛇影嚇自己；符籙有用無用，觀察對方言行舉止便可知。

Q14 對往生者不敬，真的容易招惹到它們嗎？

對萬物抱持尊敬，我不犯人，人不犯我！

看過我的書的朋友，會發現我天性喜歡搞東搞西，尤其是不喜歡受傳統約束與束縛，我承認我很不受教，但有一點我應該做得比一般人更徹底，那就是對看不見的東西特別懂得分寸與尊重，尤其是對往生者我更是不敢胡作非為。

在大學擔任助教時，某一堂課的某一回由我教導學生靜心。我請學生們手牽手圍成一圈，以靈音輔助他們靜心。結束後，有一個學生告訴我，方才靜坐時看到一位阿婆出現在教室中；我心想，應該不可能是神明，而靈修中的靈音有淨化空間的能量，鬼應該也不可能出現才對。學生告訴我，她覺得那位阿婆不太敢靠近圈圈裏面。我向瑤池金母詢問此鬼怎麼會出現？瑤池金母告訴我，這位女學生不小心觸犯到阿婆，阿婆至少跟了她兩週以上的時間，它並無惡意，只是要提醒學生尊重的重要性。

我詢問學生最近是否去過哪裏，做了什麼事情？學生說，最近有殯儀館的校外實習課程，前不久參觀火化過程，她與一群學生順手拿相機拍下火化後的骨骸，回宿舍後便開始感到特別疲倦，這幾天睡覺也特別不安穩，她猜想應該是那天回來後被鬼跟到。

我與那位阿婆溝通，表示學生年紀尚小，不懂得禮貌，請阿婆高抬貴手，不要跟小朋友計較。我請學生回去後虔誠地向阿婆道歉，並刪掉全部的照片就可以了；隔一週上課，學生的狀況已經好很多。不小心觸犯到好兄弟的情況，其實非常容易處理，畢竟我們不是有意傷害到對方。

有一次和朋友去金門玩，去參觀某個戰備坑道，我由坑道口一出來，就看到不遠處有一個小小間、類似土地公廟的廟，因為距離有點遠，看不清楚到底是在膜拜什麼。走近一點，發現兩支白蠟燭，心中猜想可能是拜好兄弟的。

朋友一出坑道口就往小廟走了去，還喊我過去看，我走向前去，看到小小一間廟裏頭堆放了許多火化後的骨灰罈，還有撿骨後尚未入靈骨塔的金骨甕。不少金骨甕在風吹日曬、沒人整理之下，多根白骨從破碎的金骨甕裏頭露了出來，我默默在心中向它們說：「我無意冒犯，請見諒。」離開時，朋友還在觀望那一堆骨灰罈，甚至拿起相機想拍照留念，有了那位學生的前車之鑑，我向他大聲喊說：「要拍也要問候一聲吧！」朋友才意會到，拍照前應該要膜拜表示尊重（其實還是不要拍比較好）。

已經化成骨骸是否還依附著靈魂，我覺得那並不是重點，重點是：生活在世間，不論是有生命的動、植物，或者沒生命的東西，都應要保持一顆尊重與平等心。每一個人都只是地球上的過客，人與人之間、靈與靈之間都要懂得分寸，對於鬼神之事，最好是敬鬼神而遠之，我們不犯它（祂）們，想必也不會無端受到侵犯吧！有人說走靈修有仙佛護體，鬼也奈何不了我們，就算是如此，如果不懂得基本的尊重，就連仙佛也無法保護我們。

Part3

原來如此，靈修別再道聽塗說

Q1

領旨後一定要辦事嗎？

能力大，責任便重；既無足夠辦事能力，如何接旨？

曾經收過一封E-mail，信中一位女網友希望能在我北上時，找機會私下見上一面，但信中並沒有詳細說明要討論哪方面的問題。

見了面她才告訴我，某日當乩童的前男友在她家起乩，前來附身的是她家的家神，當前男友走到陽臺時，突然轉身要她接旨，她不懂是要接什麼旨，也不了解為什麼要接旨，接旨這個儀式究竟目的為何？希望我能給予她一點意見。

我秉持一貫的態度提醒她：「請用客觀的立場看待我講的內容，也不要在沒有任何思辨之下相信我的信息；任何人都有權利選擇信與不信，請保持一個原則——聽完就用自己的經驗和想法，去思考訊息內容。」

然後，祂們這樣回覆她：「『旨』象徵一種責任，是仙佛給予人們修行上的肯定，也是一種精神層面的象徵。上天是慈悲的，母娘也是慈悲的，我們不會在人們還沒有做好準備時，就給予這種所謂的旨，那只會圖增人們的壓力而已，妳本靈未啟又該如何接旨？

妳那天所遇到的情況是一種假象，無須太過在意。妳已經被所謂的『旨』困住了，妳因旨而忽略了其他更重要的東西。」

我當下突然閃過一個念頭：已做好準備的人，當祂們決定要給予旨時，當事者是不會起疑心的；就好像一個考執照的人，如果他已經有多年完整的準備，考上的當下自然不會懷疑得到的執照是真是假。

她聽完後告訴我：「謝謝你，我有答案了，我知道該怎麼做了。」我嚇了一大跳，我自覺沒有講出什麼深入的內容，怎麼她聽完會高興成這樣？她告訴我，她確實囚旨之事掉入漩渦中，而祂們的訊息已經解答了她心中的疑惑。我沒有問她聽完後的想法，但從她開朗的笑容中，我知道她已經找到自己的答案了。

靈修世界真真假假、虛虛實實，測試人心的訊息相當多，與其說是考驗，倒不如說是自身內在無明的漣漪。以我個人的經驗，「印證信息真偽」的功課有時並不一定是要給當事者，反而是給傳遞信息的人。比方說，在此事件當中，有可能是祂們要給這位女性的前男友一個測試，讓他有機會去反省——在當事者完全沒有心理準備之下，有可能領到旨嗎？

不少靈修人、乩童在靈修初期，會在做功課時接到旨，有時則是被人告知要領辦事令，若在未經過思辨及了解自己能力的情況之下，輕易開宮辦事，就可能陷入騎虎難下之境——辦事能力要上不上、要下不下，面對一群弟子、信徒，想要「關門」又談何容易？如同我在《我在人間與靈界對話》中提到的靈修夫妻一樣，其靈修能力尚可，也確實有接過開宮壇的辦事旨，但當遇到弟子、信徒的問題時，還不是得向他人請教。

很多人都接過開宮辦事的信息、無形旨，但靈修人卻不懂得思考自身的能力夠不夠？真有能力辦得圓滿嗎？本身學識內涵是否能說服各行各業的問事者？能透澈了解人性嗎？能依信徒的資質心性因材施教嗎？這些問題無須問堂上的仙佛，捫心自問便能了解。有人或許會問：「既然神明說我已接旨，能夠開宮辦事，為何不辦？」現今的修行逐漸從乩童盤[1]的辦事方法，轉變成靈乩法門，所以很多宮壇由原本訓練乩童變成教導靈修。其實靈修辦事與能力是相輔相成的，待心性成熟及具備能力時自然能辦事，千萬不要以為領了旨，有神明當靠山，就代表自己已具備足夠的能力辦事。

既然知道自己無能力辦事，就算領了旨也可以選擇放下，連自己都無法說服自己了，日後辦事又該如何說服別人？堂上神明不用面子、不用吃穿，就算不拜祂們也餓不死，但我們是人啊！我們要吃穿，也要照顧自己和家人，明知自己無能力辦事，僅憑神明說辦事就辦事，那以後爛攤子誰負責？

我啟靈頭幾年，在沒有人教導之下為家人、朋友及熟人靈療、接訊息問事，在自我摸索和為人服務的過程中，慢慢修正心性及看事情的角度，當時我秉持的心態是：我不害人、不怪力亂神、也不滿口鬼神論，一路上都是保持一顆助人之心，而且幫助的也都只是熟人、家人及朋友而已，既然小有能力，幫一下自己人又何妨？如果連家人都幫不了，有這種能力又有何用？至於後期所領到的無形旨及印章，對我而言助益其實並不大，有也好沒有也好，我不就一路這樣走過來了？

訊息本就有真有假，端看你是否用智慧和生活歷練去思辨。

[1] 每一時期會有不同的神媒辦事方式，早期為乩童修鍊，目前則以靈修修鍊為主，關於乩童盤與靈修盤的詳細說明，請參閱《我在人間與靈界對話》一書。

Q2 走靈修、拜陰神，會比較容易卡陰嗎？

平時講到鬼都避之唯恐不及，還要半夜去墳墓堆向鬼求明牌？

很多人都怕鬼，但只要求鬼能得財，大家的懼怕似乎也就不那麼深了。以前大家樂盛行之時，人們不要命似的一窩蜂擠到公墓旁，跟百善公、百善爺拜拜求明牌；還有不少人到高雄旗津二十五淑女墓、臺北十八王爺廟，只為了求明牌、發大財；甚至還有不少人為了求財，半夜睡在墳墓堆，只為了等鬼晚上來託夢報明牌……明明平時講到鬼都避之唯恐不及，遇到可以賺錢的事卻又向鬼求財，這不是很矛盾嗎？

不只一般人有「利益擺中間，神尊放兩旁」的心態，很多靈修人也有這種錯誤觀念——專挑喜歡的神明或所謂的陽神來拜，例如阿彌陀佛、文殊菩薩、瑤池金母、玉皇大帝等等，而一些被外界歸類為陰神的神祇，如城隍爺、閻羅王、鍾馗、地藏王菩薩等等，就通通列入拒絕往來戶；甚至有些靈修人不拜認知中靈格比他們低的神尊！很多人走靈修或求神問卜，都是抱持著「只拜有興趣的神」、「只拜對我有利的神明」等心態，卻忘了在靈修的路上，對於任何神祇、鬼神都應該抱持著恭敬與尊敬的態度。修行要有平等心，若帶著貢高的心態，日後如何精進？曾遇到一個高中生說：「很多神明我通通不用拜，有人說我靈格比祂們高。」我聽了很傻眼，不知該說是這高中生不懂得敬老尊賢，還是給他這種觀念的人教歹囝仔大小。現代社會都已經有要平等看待所有人的認知了，為何要以分別心來看待神祇呢？

我們口中所謂的陰間神，亦是天地之間的神祇之一。《詩經》中提到人不可以隨意揣度神明，不能以厭惡、怠慢、不敬之心待之，孔子也主張平等地「敬鬼神而遠之」，輕鬼重神的心態，實不宜有之。拜不等於迷信，拜也不等於求，我不是鼓勵拜拜，也不是教大家無所不拜，而是以一顆平等與尊敬心看待所有神祇。

至於拜人們口中的陰神與卡到陰其實並無絕對的關係。我和很多朋友去到大廟裏從頭拜到尾，連神桌下的虎爺也跪下來拜，絕不會繞殿而行，只選擇喜歡的神明拜；這麼多年下來也從沒有在廟裏卡到陰——但這並不表示廟裏沒有鬼！我曾問過瑤池金母，廟中、宮壇有鬼的原因是什麼，祂只有送我四個字：水清無魚。有好人也有壞人才叫做紅塵，生活中有好事也有壞事才叫做運途、生命中有快樂與悲傷才叫人生，這是世間萬物生長的法則；廟裏、宮壇、道場也是如此，有神有鬼是自然現象。

我曾問過祂們：「有鬼為何不收伏？」祂們反回我：「不為惡，為何要收伏？」誰規定鬼都是壞的？你不去動它，它會來動你？廟裏有鬼是正常，在神明底下並不會為惡，只要我們去廟裏別搞東搞西、求神通或天眼通、假借神明名義騙財騙色，到廟裏就卡到陰的事其實不容易發生。

一個在朋友店裏服務的小妹，常在半夜醒來便無法入睡，黑眼圈愈來愈嚴重，但去了很多間宮壇收驚卻沒有效。來找我時，我先「看」她最近狀況，發現她在半夜清醒後會無來由感到不安與恐懼，甚至常會莫名大哭。她一聽之後愣住了，反問我：「對啊，你怎麼知道，很可怕耶！明明沒有什麼，就會感到很空虛、很無助，然後一個人莫名地一直哭一直哭。」

我們似乎常從卡到陰的人身上看到這種心理現象，雖然當事人不一定知道自己「卡到陰」了，但心裏卻可以很直接地感受到外靈氣場，其中又以女生比男生更容易感受到。

隱約中，我看到一個微胖、三十歲出頭，一百六十八公分左右的男鬼站在她旁邊。問它怎會跟在小妹身上，原來是因為小妹最近有感情上的困擾，心情低落又常晚睡，導致正能量氣場較低，一晚剛好在路上遇到，就跟著她回來了。整個過程聽起來就像在路上被陌生人搭訕一樣，判斷起來不是太嚴重的事，但顧及小妹會害怕，所以沒講得太詳細。後來又知道小妹晚上八九點收店後，常會和朋友去夜遊散心，一聽之下我更加明白了，愛夜遊沒有錯，但不該選在心情低落、能量很低的時候去，這叫做「拿頭毛去試火」，自討苦吃。

在我印象中有兩種鬼不好處理，一種是因果關係，一種則是當事者先觸犯到別人，哦！不，應該是觸犯到「別鬼」，而路邊搭訕來的，其實最好處理。小妹問我它怎麼會找上來，我也只能說無巧不成書，除了巧合還有什麼其他好解釋的？至於小妹睡到半夜會爬起來，只是它想要找個伴聊天，所以她才會不自覺地清醒、莫名地感到不安而哭泣，一方面是潛在直覺感受到被侵犯，另一方面則是感應到男鬼的情緒。

小妹聽了，接著告訴我說：「難怪我最近常在半夜聽到開門聲，甚至很清楚地聽見房門喇叭鎖轉動的聲音，但當時家人卻全都在樓下……」

由於朋友家供奉了一尊觀世音菩薩，所以就選擇在他家處理這件事，也趁這個機會向觀世音菩薩詢問「人為何會被鬼跟」。

菩薩說：「一個人愛亂講話，不去思考話說出口的後果，或是放任、不管好自己的心，都是一種對自己不負責任的態度。不常常觀照自己心的人，只要遇到心情低落與運勢低時，元神能量就會散亂，元神能量一旦不足，遇到有緣的鬼就很容易被跟上了。」

朋友也在一旁表示，說小妹年紀小，常常亂講話，常講一些「去死一死算了」的話。

菩薩接著指出，一個講話、做事或面對感情都不經思考、不計後果的人，就算只是無心之過，仍舊是一種對自己不負責任的行為，長久下來做事會沒效率、精神容易渙散，平時可能不會有事，但運氣差時就可能侵犯到無形眾生。所以說，一個人的言行舉止和態度，影響整個人的磁場，對每一句說出口的話都會深思，就是對自己的心負責，這樣的人通常能量正面且強大，就算遇到低潮，也會立刻重新站起來，所以不容易遇到鬼。

一位年輕的出家女師父聽到這段故事後告訴我：「收攝放縱的言行，心就容易平靜和安詳；收攝誇張的笑容，也愈容易放下討好他人的不安；語言不誇張特異，自己想特異獨行的心也就落下了，反而愈能感受到平凡中的踏實感。

收攝，不是限制和束縛，不是鬱悶自閉，是在覺察之下，感受到好處，只是減少了過多心情的裝飾、減少不自覺的負面掩飾；能量的改變，便能很明顯的在身心漸漸平靜平穩中，覺察到良善的改變。」

那麼，靈修者是否就比較容易卡到陰呢？靈修中會靈、拜拜、靈動等，都是藉無形力量提升內在靈性，與無形界的接觸自然而然會更甚於其他種類的修行。俗話說：「吃燒餅豈有不掉芝麻。」鬼與神都是自然界眾生，踏在靈修路上接觸神，當然會有機會接觸到鬼。在《我在人間與靈界對話》一書中，小相就是一個例子，初啟靈時確實遇過幾次好兄弟。這時才是考驗一個人定性的開始，有人一開始就陷入滿口鬼神論中，日後真的就很難拔出來；有人則很快就產生正念，將心念專注在修行與生活上，而不是每天活在鬼妖魔的世界中，心有了正念也就不容易卡到陰。

靈修者如果心存正念[1]，便能產生內在的般若，那是一種智慧，智慧本身就是一種正面能量。正念有七大奇蹟：

①活在當下，能深深感受到一切萬物的覺知。
②讓一切萬物也活在當下。
③滋長你作意[2]的對象。
④減輕他人的苦。
⑤深入觀察。你散發正念之光，照耀自己作意的對象，也照耀了自己。
⑥了解。是指明瞭，看見前所未見之處。
⑦轉化。轉化自己與對方的苦。

真正走在靈修路上的人，很少有機會去卡到陰。不斷提升內在能量，就好像不斷把內在的那面鏡子擦亮，如此一來，外靈、陰鬼怎麼可能上身？但是，如果是搞東搞西，一下子念念不忘因果業力或祖先靈，一下又要擔心被別人下符；又想要與眾不同，又不想打坐靜修，胡思亂想的情況之下，要不卡陰也很困難。

[1] 西方世界將正念擴大研究成一門修行的方法，稱之為「正念減壓療法」。

[2] 意念，當你心存的正念是以助人為主的時候，正念的能量便能夠滋長你所專注的對象。

Q3 真的有靈逼體嗎？

「一人帶一破」，靈逼體是讓晚年問題提前發生，讓人能在年輕力壯時去面對並接受它。

我曾遇過一個四十歲左右的男個案，很年輕時就常因腿部不適而無法行走，隨著年紀增長，腿的不適愈來愈明顯，到後期腿痛到一個月以上無法下床，當然也無法正常地上班。他找遍了中西醫，各種說法都有，對於他的症狀卻只能減緩，無法改善。

我將祂們的說法轉述給他：

①你在年輕時脾氣非常暴躁，現在的脾氣已經好很多。

②以前你認為，只要願意一切都可以改變，現在逐漸改變觀念，已有量力而為、順其自然的想法。

③較重男女情欲之事，現在已經看得較淡，也比較不會如此。

④你的腿應該是從二十歲左右就發作了。

⑤偏好重口味的飲食習慣。

對於以上五點，他通通都沒有否認，我一一地將祂們的看法向他解釋：「因為腿的問題，你慢慢開始正視身體健康狀況；也因為腿部不適的發作，易怒的脾氣也逐漸地減少，和兩個兒子之間的關係也獲得正面改善。你原本很重男女情欲之事，但只要腿一痛起來，這方面的事情不僅降低了許多，連飲食習慣也從重口味改成了以清淡為主。」至於第四項，祂們說：「他十八歲開始對玄學、宗教、修行產生興趣。」有帶先天元神的人在今世本來就容易對玄祕之事產生興趣，當信仰力及修行興趣產生時，就會牽動靈逼體的現象發生。

我建議他最好學游泳或是在泳池走路，水可以降低走路的壓力，減少腿部的不適，又可以達到運動效果。有空多靜坐、散步，訓練自己清心寡欲，吃清淡食物，避免攝取「讓身體必須產生更大的能量來排毒」之食品；有機會可以深入某一正道信仰，或是簡單地持咒、內觀。我不鼓勵每個人一定要走靈修，它只是眾多選擇中的一小項，信仰是因虔誠心而非脅迫而來。

我告訴他，我承認有靈逼體現象，卻不認同用這三個字來形容。所謂的靈逼體，發生在許多靈修人初啟靈的前後，大多是在提醒人們元神的存在，以及提醒當事者修行的時刻來臨。它顯現的原因大部分是發生在累世有修行因緣的人身上，發生的主因多半是當事人不懂得照顧身體及維持正常生活作息，或者對現實生活不滿或不甘於不凡。

古人說「一人帶一破」，意指每一個人身體或心理必有一個較大的缺陷；以負面觀念來看，靈逼體好似逼著人們去接受不願做的事情，但以正面觀點來說，它是讓晚年會出現的問題提前發生，讓我們能在年輕氣盛時去面對它並接受它。

以我為例，我有肝炎及脂肪肝等問題，家族中沒有人有肝炎病史，所以不可能是遺傳所致，我不抽菸、喝酒、吃檳榔、熬夜，當然也沒有共用過針頭，怎麼會有肝的問題？最終結果是「個性」。我太追求完美，是個工作狂，可以埋頭工作十多小時不休息，這些都是造成肝炎的主因。我很少因此抱怨，反而慶幸年紀輕輕就知道了肝的問題，它就像一把隱藏的溫度計，常常提醒我早睡、事事只要及格就好、多運動、不吃重口味……於是在沒有服藥的情況之下，我的肝指數回復到正常值，個性也改變了許多。

古人透過「斷欲、簡事、自然、順心」等實修，讓身體的正面能量不斷地提升。身、心、靈三者本來就互相牽連與影響，多少古人選擇隱居、閉關、斷食等，讓一顆紛亂的心平息下來，而心靈淨化同樣也能讓吃進五穀雜糧的身體，獲得休息與靜養——只要運用的好，身、心、靈三者之間也可以互相提升彼此的能量。

再說回來，靈逼體的現象就是：身體未淨化前，元神的能量提升所造成的身體不適。這也是為什麼有人會說，靈能量太強會讓身體受不了。如果平時生活作息就不太正常，或者本身健康狀況不甚良好，甚至有不太健康的器官，就更容易因靈的覺醒而產生不適的現象。

有人以為過了中老年人才走靈修或是元神覺醒的人較容易感到不適，事實並非如此，一來是因為具有元神覺醒特質的人與年紀大小相關，超過四十五歲以上、甚至五十歲以上的人其實不太可能元神覺醒；二來是因為現代人從年輕就開始暴飲暴食、作息不正常、飲食也非來自於純淨健康的環境，因此靈逼體的不適，其實不一定要到中老年才會發生。

至於瑤池金母的說法是：「並無『靈逼體』之說，元神能量覺醒時，人容易受到那股能量的影響，使得原本中老年後才會發現的病症提前發作。好與壞本就是一體兩面，往好的方面去想，人們可以提早了解身體的問題，做好改善及保養；以不好的角度去想，人們便容易對靈修產生負面觀感，甚至造成一些不善於向內思考的人，追求外在名相的修行，以乞求解決身體的問題。」

我不知「靈逼體」三個字是何時開始流傳開來，這三個字聽起來充滿恐怖的意味：從靈修層面逐字拆解來看，「靈」是指元神之意；「逼」是威脅、強迫的意思，大多由外力所造成，比如債主、壓力等；「體」當然就是肉體了。整句話合起來說就是「元神威脅、逼迫肉體」，聽起來很讓人心生恐懼吧！但就個人經驗以及這麼多靈修人身上所見的事實來看，我認為：「沒有帶著恐怖意味的靈逼體說法，但不否認它存在的事實。」

除了帶有脅迫的意味，靈逼體這個詞尚隱藏著另一個玄機，就是「元神是獨立於肉體之外」，會有如此的觀念，來自於初期啟靈時，我們無法控制元神，無法得知它所言、所動及所思，以至於衍生出「我們與元神之間的關係，就像兩個獨立的個體可以對談」的說法，讓大眾因此產生了不解和恐懼。所以，每次只要有人問我說：「我的元神好像要放棄我了!?」我都很想回應一句話：「那它要去哪？偷渡去美國嗎？」

瑤池金母曾告訴我：「靈逼體只是心理對現實環境不如意，以及身體機能失衡所發出來的警訊。與其說是靈逼體，倒不如說是心理與肉體失衡造成的，利用這些無形的說法讓自己相信自己異於常人罷了。」

身體不舒服及生活不順遂，便將一切歸咎為靈逼體之前，請先問自己幾個問題，釐清後再把責任推給祂們還不遲：

①讓宗教回歸生活，心中要回歸平常心，勿有想異於常人或與眾不同的念頭。
②飲食保持清淡、健康、均衡的原則。
③不抱怨生活的不如意，有正常的抒解與出口。

④保持每週二到三次以上，每次出汗一小時的運動。
⑤一週至少五天在十一點前睡覺，讓身體正常地進入養血與養肝階段。
⑥每週平均享受十至三十分鐘的太陽浴。

如果以上六項，至少能做到三項的話，相信你不會有所謂的靈逼體現象。

靈逼體就要走靈修嗎？誰規定的？老師、書，還是神明？任何修行如果是強加外力所致，都不是正確的修行方式，靈修當然也是如此。很多人點靈認主、祭改、收驚後，剛開始情況會好一點，但沒幾天後問題又死灰復燃。任何的術法只能獲得一時的抒解，並不是最終的解決之道，最根本的解決方法依舊是要回歸到「斷欲、簡事、自然、順心」的實修，讓心與身的能量能夠與靈達到正常的平衡狀態——宗教一定要與心的實修畫上等號才行。

Q4 走靈修後，生活卻愈來愈不如意!?

靈修是看見自己心性，願意看見自己心性才能改變個性，個性調整了才能創造環境。

有時在選擇靈修後，往後的善惡因緣會提早顯現，其最終目的是希望藉此磨練人的心性，提前消業及了脫今世的業力。

反過來說，每次輪迴的最終目的，不就是為了放下執著，了斷累世所造下的善惡因緣和業力嗎？既然如此，又何必抱怨？反而應該培養一顆大無畏、平常心及正念態度，來看待現前的善惡因緣與業力。

就我所知道，不少靈修老前輩，如滿州九龍山洪諒阿媽、花蓮石壁慈惠堂林千代，都是從年輕辛苦到老；開了宮壇及廟宇後，依舊享不了清福，繼續為信徒服務，其歷練過程遠超過我們常人，卻依舊以平常心來看待一切。

與這些前輩相比，我們怎敢說自己已經很辛苦了？

雖然我不是很清楚走修行後，是不是每一個人的生活都更不如意，但我能肯定一件事——修行後的生活也不太可能比較快樂。更肯定的是，搞東搞西、動不動就滿口鬼神業力的人，生活反而比不走修行更辛苦。

我曾經碰過一個遲到近二十分鐘的女個案來問事，她氣喘吁吁地來到現場，急匆匆地放下包包，我問她怎麼遲到了？她一開口就說：「我真的很趕，剛才又去跑銀行，又去%&%*%才遲到，我一路上開車就一直感應到瑤池金母在叫我，知道祂在這邊等我了，我一直跟祂說不要催我，我馬上就到了，有什麼話等一下再講。」讓我很傻眼的是，我根本不知道瑤池金母在我這邊，也沒看到瑤池金母在她旁邊，一切都是她的幻覺嗎？

問事時，她一下說沒有什麼問題要問，一下又說我的經歷她通通都遇過，接著又不停抱怨自己從小非常好命，結婚後開公司，分店一家接著一家開，賺了很多錢。然而，沒幾年光景，她就變得負債累累，每天被支票追著跑，走靈修後人生也沒有比較順利，抱怨東又抱怨西，不管我怎麼說，她都只是回：「你說什麼我通通知道，我什麼都知道。」

既然她自認什麼都知道，也就不必再浪費時間，於是我請她離開，這下她又氣得不斷跟人抱怨我的態度不好，陪她前來的朋友雖然感到很不好意思，卻也疑惑我為何不多開導她一點。然而對一個什麼也聽不進去的人，說什麼也沒用，「你覺得她是想透過靈修認識自己，還是想要為生活不如意找個藉口？」

靈修是求看見自己的心性，願意看見心性才能改變個性，個性調整了才能創造環境；就算環境未改變，至少心境改變了，看待逆境的角度也會不一樣。靈修不是以物易物，拿靈修來交換如意順遂的人生，不論走靈修的初衷與動機為何，一切都是自己心甘情願下的決定。

很多靈修人走靈修前生活不順遂，會指責祖先靈作祟、風水擺設不好、父母取的名字有問題；走靈修後生活若未見改善，就換主神、道場、老師倒楣了。我常反問這些人：「千錯萬錯都是別人的錯，那你自己都沒有問題嗎？」

佛陀這位大覺知者，未涅盤前也經歷過弟子在背後流言中傷、信徒因外道而離開，還常常需要費心處理弟子之間的惱人問題，連這位大修行者都有不如意之時，我們這些小小老百姓，又豈能愚昧地妄想修行後就會快樂幸福一輩子？

修行從何時開始？

在佛教裏有一句話是這麼說的：「當內心根塵[1]遇到紅塵後才正要開始而已。」

[1] 佛教用語，根塵指六根與六塵。六根：眼、耳、鼻、舌、身、意。六塵：色、聲、香、味、觸、法。意指，當肉身的覺知遇到世俗紅塵，才是真正面對內心與自己的開始。

Q5 靈語要怎麼翻白話？真的需要領翻譯旨嗎？

靈語翻白話的要訣——不脫離實練與靜心！

從初啟靈開始，我沒有選擇深入靈修道場，或在以乩童為主的宮壇探索靈修，一則是天性喜好獨自修行，不喜歡人多口雜的道場。另一方面，初啟靈時曾在恐懼不安的情況之下，到過北部及彰化某慈惠堂（該宮壇以乩童問事為主）問事，我發現一旦到以乩童為主的宮壇學習靈修，像我這種初啟靈便能開口講靈語、靈動甚至為人靈療、辦事的體質，是許多宮壇視為珍寶的辦事人才，最終結果往往也變成要開宮辦事，為人服務。

靈語不單只有表達

在網路上以及一般宮壇中，對於靈語最常見的說法諸如：「靈語是靈與靈之間的溝通語言，只要時機到自然就會說。」「有一種天職是專門在做翻譯的，只要帶有翻譯的使者就看得懂。」「必須學著去領翻靈語的旨令，元神才會有翻譯的能力。」甚至還繪聲繪影地說，如果在佛堂、道場之外的地方講靈語，會招來可怕的外靈附身，還可能會有危害生命的事情發生。

一次和友人在車上聊到靈語，我向她表示靈語就像語言一樣，可以隨時隨地、想講就講，我隨即在同車的三人面前說起靈語。友人感到十分不可思議，因為她曾經接觸過的宮壇及其他地方，都告誠信徒不可以在宮廟之外講靈語，我們倆在車上對談的舉動已經完完全全顛覆她既定的觀念。很慶幸的是，這麼多年過去了，友人並沒有因那日在車上與我用靈語對話而發生什麼不幸，沒有讓她的名字躍上社會頭版新聞，真是阿彌陀佛！

反觀另一位朋友，從小就不甚喜歡到宮壇、寺廟燒香拜拜，在無預料的情況之下啟靈時，她選擇靠自己的方式摸索靈語、天文的含意。她隨時隨地寫天文、說靈語，開車、洗澡、聽音樂時想講就講，因為不受宮壇文化和傳統觀念的束縛，到最後她已經練到光是用手觸摸他人物品，不用說出靈語便可以知道對方的事情，甚至還可以在靈動中看見仙佛的存在。

很慶幸的是，我沒有在早期靈修時聽到這些流言蜚語，不然現在的我可能無法了解靈語內容；也正因為沒受到這些奇奇怪怪的論調影響，幾年下來，就算刻意壓抑自己不翻成白話，對於說出口的靈語也能有八成左右的了解。在之前觀摩其他宮壇問事時，我甚至常用靈語與乩童對談，很奇怪的是，很多宮壇降駕的神尊根本聽嘸靈語是啥東西。不信的話，你下次可以試看看，他們聽不懂最大原因是：現在的乩童很少是百分之百的神明附身，摻雜乩童本身的意識愈多，神明的意識就愈少，當然就聽不懂靈語，除非是神明的意識完全降下來，才有可能聽得懂。

對於靈語的詮釋，在易馬紐．史威登堡的《我見過的靈界》當中，有作者親身經歷、不帶宗教束縛的看法：「前輩的靈體還未開口說話之前，他就曉得對方要說什麼話……我不只說過一遍了，靈體只要彼此的凝視，就能夠互相的交遞念頭。靈界的言語跟人世的言語不同，人世的人類必須用數千言才能夠表達的事情，靈體只要說十言就夠了……只要憑著一種音節的區分，靈體就能夠塞入多重而眾多的意義，亦可以憑音節的區分，表示出自己內心的念頭。因此，在表面的意義之外，尚可塞入幾百倍、幾千倍的意義。」如何將靈語翻成白話是有跡可循的，以下是進行的兩大步驟：

第一步：講靈語

(1)將心念專注放在兩眉之間：這必須靠平時的打坐才能體會，打坐並非放空，而是專注於鼻息或數息中。打坐、禪修有許多法門，可依照個人喜好及擅長之處來選擇。

②接下來是覺知「心」的存在：一般情況之下，在轉換元神意識時，都會先感受到胸口有一股氣體在流竄，漸漸地就會往喉嚨及口腔流動，這時要放鬆，不能有任何的壓抑，就能讓那股能量自由且輕鬆地從嘴巴說出來。

③元神已經有一定程度甦醒的人，此時便會開口講靈語。

第二步：翻靈語

①用心聆聽每一句靈語：此階段須經過一段時間的學習，「用心聆聽」是指講出靈語時不能帶有一絲一毫後天意識，全心全意集中意識在鼻息，讓每一句靈語不斷從口中湧出，只用心去感覺。

②第二項可能會持續很長一段時間，也許要一小時、二小時；就讓靈語持續地講，大部分的人會因為不知道在講什麼而放棄，但在一般的情況之下，超過十幾分鐘後，原本全是靈語的內容就會開始摻

雜半句、一語的白話。有人在快講出白話時，會像初學說話一樣發音不正確或無法講出想說的話，主要是因為未與元神合一，多練幾次，並多放鬆下巴骨節和臉部肌肉即可改善。

③對於無法順利講出白話的人，可以嘗試在心中默念：「請講出我懂的白話。」經過幾次的練習，大部分的人可以很輕鬆地在講靈語時摻雜白話。

視下苦心的實修程度，少則幾個月，多則幾年，透過以上反覆的練習，便可以在講靈語的過程中摻雜我們所熟悉的白話。

為何講靈語時不能有自己的意識，必須全心全意將專注力放在鼻息或額頭？因為我們已習慣用耳朵（耳識）去聆聽每一個聲音，而忽略了「靜心」的重要性，如果講靈語時專注在靈語的每一個音階上，試圖「聽」懂靈語在說什麼，便永遠只會聽到一段段無法了解的靈語。其實只要把心放空，如同打坐般保持覺知，自然而然地就能了解靈語的內容。然而，只要心中升起一絲絲雜念，靈語翻白話的覺醒便很容易被中斷，所要捉住的不是靈語本身，而是去觀察隱藏在靈語背後的那份「心」。

無法將靈語翻成白話，是因為受到不平靜心的影響。人愈不知道自己在講什麼，就愈容易著急與不安。再者，受到外界對靈語各式各樣的邪見影響，導致我們更難透過自修的方式去摸索靈語。

不要忘了，靈語是元神透過肉體表達的方式之一，既然如此，聆聽「心」的聲音不就等於了解靈語嗎？

靈修不單單只是為了了解靈語，靈語是宇宙語、外星語抑或遠古時代的語言，都並非靈修的重點，而是要追本溯源去理解「心」的內在聲音為何——修行不就是求看見心、了解心、放下心嗎？

Q6 講靈語到底是外靈附身還是元神甦醒？

外靈附身的特徵是會意識不清，元神甦醒說靈語多半可以自己控制。

這是我最常被問到的問題，常有網友會將這個問題丟在各大相關網站、論壇上，然而得到的答案依舊令人摸不著頭緒，最終的原因是——關乎靈的事情通常是問答題，而非簡單的選擇題。雖然這問題有點難解，就以我個人的經驗來說，多少有幾項蛛絲馬跡可以參考，讀者可以依照個人狀況檢視一下：

檢查第1步

講靈語那段時期，是否常出入宮壇，或家中有供奉新的神像？

元神甦醒的時機點，有時是在不明確的情況下發生，以我為例，初期既不跑宮壇也不太拿香拜拜，更不曾參加過進香團，元神甦醒完全是因緣聚合，事前沒有太明顯的徵兆。但有些人的元神甦醒則是在常跑宮壇、出入大小廟之後發生，這種狀況很難判斷是外靈附身或元神甦醒。另外，家中供奉新的神像也可能誘發當事者的元神甦醒；如果遇到神像內不是正神而是低等靈，它們也可能會因要辦事而依附在敏感體質的當事者身上。

拜拜並不一定會讓家運順遂，何況拜拜的儀式通常非常複雜，我的建議是：「想拜拜去大廟拜就好了，沒事不要供奉神像。」這句話從一個跑靈修的人嘴裏講出來，好像有點不太合適。我是一個怕麻煩的人，雖然常跑靈山、四處會靈拜拜，家中卻還未曾安過神，因為除了早晚要上香拜拜外，還有諸多地方需要注意，例如在客廳供奉神像，洗完澡後就不能光溜溜的跑出來，畢竟家中有「客人」，脫光光對祂們來說不太禮貌。

我有一個朋友與老公創業開公司，原本打算在辦公室供奉土地公，便來詢問我的意見。我告訴她，安奉土地公要選適合的材質，擺放神明的高度還要參考魯班捲尺上的刻度，又要看日子，早晚要拜拜，初一、十五或初二、十六還要準備鮮花素品……而且以後若不想拜了，處理起來更麻煩，總不能拿一把火，將土地公燒一燒當木炭吧？我建議她如果要拜，初一、十五到附近的土地公廟拜就好，廟公都幫我們打掃乾淨，就好像請了專人負責打點一樣，只要投香油錢、帶點鮮花素果就可以了，何必為了喝一杯牛奶養一頭牛？

檢查第2步

意識清晰度

一旦外靈附身，不管是講一般語言還是靈語，其最大的特徵便是——本人意識不太清楚。我剛啟靈時，跑了不少間宮壇詢問自己遇到的究竟是什麼情形，答案不盡相同，有神、又有鬼，一下是祖先靈、一下又是阿修羅轉世，就算不發瘋也聽到神經錯亂了。於是我乾脆通通不理睬，捫心自問自己這一路走來感覺如何，才發現從頭到尾我的意識都很清楚——不論是講靈語、靈動或平時。

有一次，一位個案來問我親人的精神狀況，他的親人在家中會自稱仙佛降世要來辦事，甚至要家人下跪向她磕頭，整個人意識相當不清楚，我當下判斷，如果不是外靈附身就是精神出現異常，與元神（本靈）覺醒關係不大。這幾年下來我發現，元神甦醒是內在的能量覺醒，它不會佔據肉體原本的意識；而外靈附身，不管是神是魔是鬼是妖，總是不屬於我們本身的靈體，當它要表達時，一定會讓原有的意識降低，就像乩童被外靈附身一樣，唯有本身意識降低，外靈意識才會抬頭。

檢查第3步 身體狀況如何

這與第二步是相同重要的參考指標，任何的生物、物質與靈體都有一定的靈光頻率，頻率與頻率之間又會相互影響，以靈乩來說，當事者接到的外靈靈光頻率與供桌上神明不一定絕對相關；供桌上拜觀世音菩薩，不代表一定能接到觀世音菩薩的本尊靈光，有時是代替觀世音菩薩前來辦事的外靈或其他高靈仙佛。

這樣還算是很不錯的了，畢竟代替仙佛的，通常都是良性且待修行的善靈，如果通靈人、靈乩滿口只有鬼神、因果、祖先靈，本身又未修心養性，心性不夠純淨，就算穿著打扮再神聖、滿口經典義理，接到的靈也很可能是低等的外靈或鬼。

話說回來，外靈靈光頻率若是低等靈，對於人體健康與精神狀況會有相當的影響，當一個人開始講靈語，身體狀況卻愈來愈差，便很有可能是外靈附身所引發。以常理來說，元神原本就存在每一個人的意識中，甦醒後只會感到有一股強大的能量，對肉體並無太大影響，只是初期會不受肉體控制地想講靈語與靈動。而外靈原本就不存在於意識中，它的能量與當事者的肉體能量本就不同，低等靈依附在身上時，肉體能量便會不斷降低，進而產生健康問題。

檢查第4步

靈語可不可以控制

誠如前幾項所言，外靈（不論靈格高低）本身有屬於自己的意識，當它依附在一個人身上時，便會想來當身體的主人，不甘於只當個客人，講起靈語便不太可能受我們控制。而真正的元神甦醒，則是可以自己控制，想說就說，不想說就可以閉嘴，隨著時間的累積，很多元神甦醒的人甚至可以在講靈語時慢慢了解靈語的內容。

Q7 走靈修很容易走火入「心魔」，所以不要與元神對話？

心念認定元神是何種形態，它就會幻化成你所想像的形態。

這是大部分啟靈者常遇到的問題，與元神對話是一件非常危險的事情：在初期啟靈時，常常會有一種錯覺，認為元神是一個獨立的個體，它鮮明地存活在我們身體裏頭，有說、有笑，還可以與我們進行對談；有困擾時，元神甚至可以幫我預測未來、分憂解勞。殊不知，這是引火自焚與自掘墳墓的行徑，我很少用如此嚴厲的字眼來討論靈修，只是大部分的人都忽略了這件事情的嚴重性，進而影響了未來的靈修路。

不要認為「與元神對話」是跟「與神對話」一樣神聖的事情，這兩者是截然不同的，元神是我們的心性，在我們投胎世間之際，就已與我們的靈魂融為一體，它不僅擁有累世的記憶，亦擁有無窮的寶庫。話雖如此，很多不知情的人在啟靈初期，都會將元神視為另一個靈體來看待，長期下來容易導致意識分裂（非人格分裂），我看過很多啟靈的人常常與元神對話，並從元神那兒接收到許多訊息，比如：

「當我快發生危險時，元神都會好心提醒我」、「它就像守護靈一樣，保護我不受欺負」、「它一直困擾我，常叫我要開宮辦事」、「它常常叫我做某某事情，就像一個好朋友一樣」……

如果有以上狀況，千萬不要認為自己得天獨厚而沾沾自喜。

諸如此類的狀況不一，唯一的共同點就是——會與元神對話的人，都將它視為守護靈或是另一個獨立的個體。將元神與後天靈一分為二，最終的結果就是無法與元神合一——這倒是小事，最重要的是，產生這種意識分裂的人，容易對自身的現實生活有不切實的感覺，甚至失去現實生活的重心。最明顯的徵兆就是「對抗現實挫折的能力比一般人低」，常常會承受不了現實工作、事業、婚姻與人際關係的不順遂，導致思緒經常處於幻想中，這類型啟靈者以女性多於男性，未成年人多於成年人，社會成就低者多於成就高者。

與元神對話最大的危險是，元神很容易隨著人的意念幻化成各種形體，最終令人迷惑甚至精神混亂。初啟靈時，許多人會有一種迷思，認為元神會給予我們很多答案，尤其是詢問它關於生活或未來的事情，它會以點頭、搖頭等方式回應我們，如果偶爾有幾次碰到相當準確的答案，就會深信它是存在於我們之外的靈體。殊不知，與元神對話就像是跟鏡中的自己對話一樣，心念認定元神是何種形態，鏡中的它就會幻化成你所想像的形態。如果你認為在你身上講話的是守護靈，元神便會自稱是守護靈與你對話；你認為元神是魔，元神便會自稱為魔與你對話。元神能夠幻化為任何你想得到或超乎想像的人物，因為元神來自於大腦，而大腦的千變萬化超出人的想像。

或許你會懷疑，大腦怎麼可能如此多變化，有空去書局翻一下架上的武俠小說、科幻小說、靈界小說……哪一篇不是作者自己幻想出來的故事情節？元神就像是一面鏡子，你放什麼心念在鏡子前面，它就顯現出什麼樣貌，心中的每一絲念頭，都會被元神毫不保留地顯現出來。不相信的讀者們，假使你已經啟靈會說靈語，還搞不清楚身上說靈語的是元神或外靈，你可以試著不斷告訴自己「我身上會說靈語的是守護靈、我身上會說靈語的是守護靈」看看結果會如何……

我在初啟靈時，元神也會與我對話[1]，到了後期我便領悟到，與元神合一的要訣來自於我們的心念，當你篤定地知道元神就是自己的心念時，才有辦法在靈修路上向前邁進一步。元神告訴過你多少奇怪的事情，或給過你多少良善的建議，都不是重點，如果連自己的心都無法掌握，又如何談修行呢？初期啟靈的人，必須努力克服心中那個千變萬化的元神，因為它和人心一樣狡猾善變，制服了心（元神），使它與我們融為一體，才有機會開啟靈修更大的寶藏。

[1] 詳情請參閱《我在人間與靈界對話》〈元神說話了，日語？韓語？不，是臺語！〉。

心善福至，
念靜福佑。
——瑤池金母慈訓

心善福至，
念靜福佑。
——瑤池金母慈訓